「扶養の壁」に悩む人が働き損にならないための38のヒント

私はいくらまで働ける？

ファイナンシャルプランナー
塚越菜々子

TOKYO NEWS BOOKS

はじめに

パートやアルバイトで働く女性にとって、「扶養」はおなじみのキーワードだと思います。

にもかかわらず、扶養の制度について、

「複雑すぎてわからない」

「わかっているつもりだけど、自信はない……」

などと、ひそかに感じている人が多いのではないでしょうか。

それでは、扶養の落とし穴にハマったり、メリットを十分に受けられなかったりする、残念な働き方に陥りかねないでしょう。

扶養を意識したときに立ちはだかるのが、「年収の壁」です。

年収の壁とは、「税金や社会保険料の負担」が発生する収入のボーダーラインを指します。一定の収入を超えた場合、配偶者の扶養から外れ、税金や社会保険料を自分自身で支払わなければならなくなるということです。

「１０３万円の壁」「１３０万円の壁」などで知られる年収の壁を越えなければ、扶養の範囲内となり、税金や社会保険料の優遇措置を受けられます。そのため、働く時間をセーブして扶養内にとどまろうとするケースがよく見られます。

その際、条件を知らなければ思わぬ事態を招くことになります。年収の壁といっても、単純な「月収や年収」の数字だけでなく、「交通費や残業代は含まれるのか、否か？」といった諸条件を知らないでいると、扶養内にいられなくなってしまうことがあります。

年収の壁を越えれば、優遇措置が減って税金や社会保険料の負担増となります。結果的に、手取りが減ることも懸念されます。以前より収入は増えたのに、保険料の負担増によって手元に残るお金が少ない……という残念な状態です。手取りを減らさないですむボーダーラインを頭に入れておかないと、〝働き損〟となってしまうのです。

ただ、壁を越えて扶養を外れることはマイナスだけとは限りません。メリットにも目を向けて、認識しておく必要があります。一番大きなメリットは、勤務先の社会保険（健康保険、厚生年金保険）に加入できる道が開け、自分が払う保険料の負担は半分で、手厚い保障を受けられることです。

扶養を外れて社会保険に加入するには、企業のある数字に注目するのが近道になります。その数字は自分が働く会社の「社員数」です。
２０２４年10月より、パートなどの短時間労働者に対する社会保険の適用範囲が拡大されます。社会保険の加入を義務づける「１０６万円の壁」が、社員数が51人以上の企業へと拡大されるのです。

これまで社員数が５０１人以上、次に１０１人以上の会社へと法改正で適用範囲が拡大され、今回、さらに裾野が広げられるため、扶養を外れて社会保険の恩恵を受けやすくなります。社会保険の適用範囲拡大は、働き方を見直すチャンスと捉えるべきでしょう。

このように扶養の制度は複雑です。収入面や税金面など、たくさんの要素があるので、「難しい」「理解できない」と思う方もいるかもしれません。それをわかりやすくひも解くのが、本書の役割だと考えています。

私はファイナンシャル・プランナーとして、主に共働き世帯の女性を中心に年間２００件以上の家計診断や資産運用のサポートを行っています。ＹｏｕＴｕｂｅチャンネルの「ＦＰナナコ【働く女性のお金の教養教室】」でも、女性に役立つ情報を日々、発信しています。

そんな中で最も相談件数が多く、かつ、関心も高いテーマが「扶養」です。

これまで扶養に関するたくさんの悩みに答えてきました。一人ひとりの家庭の状況、仕事やライフプランに対する考え方などを踏まえ、最良のアドバイスを行うことに努めてきました。手前味噌ですが、「扶養」に関しては誰よりも精通するファイナンシャル・プランナーだと自負しています。

書店に行ってもネットで調べても、扶養の制度をやさしく、わかりやすくまとめたものは見当たりません。パートやアルバイトで働く人にとってニーズは高いはずなのに、なぜだろう？

そう強く感じたのが本書の出版の動機でもあります。

今は年収の壁を意識して、扶養内にとどまる働き方を望む人も多いと思います。

でも、私の考えは違います。「もっと働きたい」「もっと稼ぎたい」と思うのなら、年収の壁に捉われず、「扶養を外れて収入を増やせばいい」というスタンスです。働く時間や日数をガマンして扶養内にとどまるよりも、扶養を外れてイキイキと働いたほうがいいですし、長い目で見た場合、扶養を外れるデメリットよりもメリットのほうが大きいからです。

もちろん、すべての人に扶養を外れる働き方を勧めるわけではありません。年収の壁を越えたらどうなるのか、扶養内はもちろん、扶養外のメリット・デメリットを理解したうえで、扶養内で働くか、扶養を気にせず働くかを自分で決めてほしいと思います。本書にはその情報も詳しく盛り込みました。

なお本書では内容をわかりやすくするため、便宜上、「主たる生計維持者（メインで収入を得る人）」を夫とし、妻が夫の扶養に入ってパートで働くことを前提にしています。それぞれの役割を固定しているわけではなく、述べている内容は夫が妻の扶養に入る逆のケースにも当てはまり、各種ノウハウも同様に通用できます。

扶養に関する疑問、悩みはこの一冊で全部解決するはずです。類書なし、日本初（!?）となる扶養の手引書が、皆さまのお役に立つことを著者として願ってやみません。

2024年7月

ファイナンシャルプランナー　塚越菜々子

目次をめくる前に「ちょっと待って！」

あなたはどこから読みたいですか？
「ざっくり」チェックしてみよう

扶養の仕組みやいまの世の中の流れを知りたい人

→1章（P16）から読んでみては？

扶養の仕組みが何かを「根本的に」学びたい人

→2章（P26）から読んでみては？

「扶養の壁って何なの？」をちゃんと理解したい人

→2章（P36）から読んでみては？

「扶養を外れる」ことを真剣に考えている人

→3章（P74）から読んでみては？

「私はどうすればいいの？」自分に合った道を決めたい人

→3章（P98）から読んでみては？

扶養を外れる「メリットとデメリット」を確認したい人

→4章（P104）から読んでみては？

第4章

「扶養外れ」のメリットとデメリットをおさらい

お金も安心で働き方も自由に！ 扶養から飛び出したら起こること

扶養内にとどまるか、
外れて自由な働き方を手に入れるか。
悩んでいる人たちはこう考えている

扶養を気にせず
仕事を増やしたら、
私だけ忙しくなりそう
で恐怖！

働くだけでも
大変なのに、
考えることを
増やさないで

パート先が
扶養内に制限し
てきます！
なんで？

扶養のルール、
人によって言う
ことが違うから
困っている

※著者に寄せられた相談やアンケート
結果に基づくものです

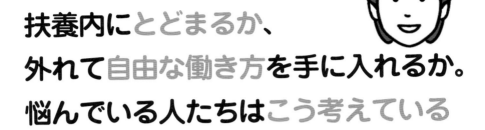

時間や
金額の計算、
調整が面倒！

ダブルワーク
だと扶養って
どうなるの？

扶養内で
働くのが一番
得だって
本当ですか？

扶養の制度や
条件が複雑すぎ！
検討するのも
大変～！

扶養内で
働き続けると、
老後の年金が
不安……

扶養を外れると
手取りがどれくらい
減るか不安で……

もっと気軽に
扶養から抜け
られる制度に
してほしい

本書のトリセツ

・本書ではさまざまなシミュレーションを行っています。しかし、あくまでモデルケースなどを基にした試算のため、ご自身の状況やお住まいの地域と事情が異なることがあります。

・本書は便宜上、主たる生計維持者（収入をメインで得ている人）を「夫」とし、「妻」が夫の扶養に入るパターンを前提に記事を構成しています。実際はその逆のパターンも、同じように考えていただいて構いません。

・本書は2024年７月時点のデータ、およびその時点で確定している改正内容などを元に構成しています。税制や法律などはしばしば改正されることがあります。その度に、本書で記した税率や金額などの数字が該当しなくなる可能性が生じる点はご了承ください。

Chapter
1

「年収にしばられる働き方」を続けたいですか？

妻が扶養でいることは「損」か「得」か？

ヒント 01

女性がどう働くか？立ちはだかる扶養のジレンマ

日本の労働者の給料はここ30年ほど、ほとんど上がっていません。一方で、物価は年々上がっています。給料が変わらず、電気やガス代、食料品などの値段は高くなっているため、苦しい生活を強いられている人も少なくないでしょう。

ひと昔前は夫の給料だけで家族を養っていけましたが、今は難しく、妻も働かないと日常生活が成り立たなくなっています。実際、共働き世帯が圧倒的に多いのが現状です。

そんな中、妻がパートなどで働いたときに浮上するのが「扶養」の問題です。夫の扶養の範囲内か扶養を外れるか、働き方の選択を迫られるわけです。**扶養内なら税金や社会保険料の家計への負担は最小限に抑えられる。扶養外なら負担が増え、家計に重くのしかかってくる。そう考えると多くの人は扶養内でいたほうがいいのでは？と考えてしまいます。**

しかし、冒頭に説明したように給料は上がらないのに物価が上昇していくと、そうは言っていられません。扶養は妻の働きを制限する「壁」として立ちはだかりますが、扶養内で働いていたら収入は頭打ちです。そうなると、生活は厳しくなり、かといって自身の働きを増やせば年収が上がり、扶養から外れてしまいます。こうして扶養の問題はパートで働く女性にとって難問になっているのです。

物価はどれだけ上がっているの？

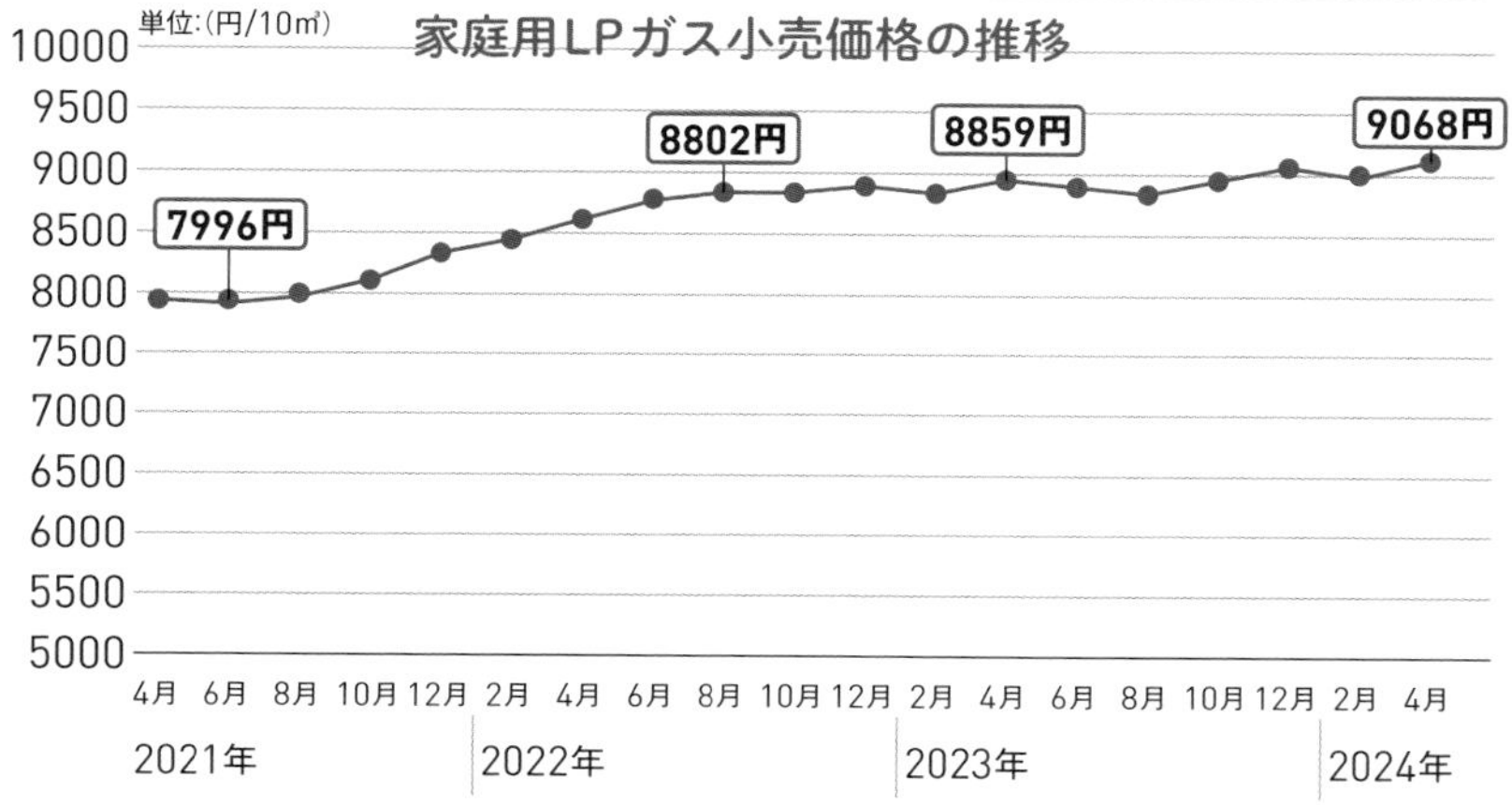

出典／石油情報センター「液化石油ガス流通価格の推移」

日本人の平均給与はこの10年もほとんど変わらず…

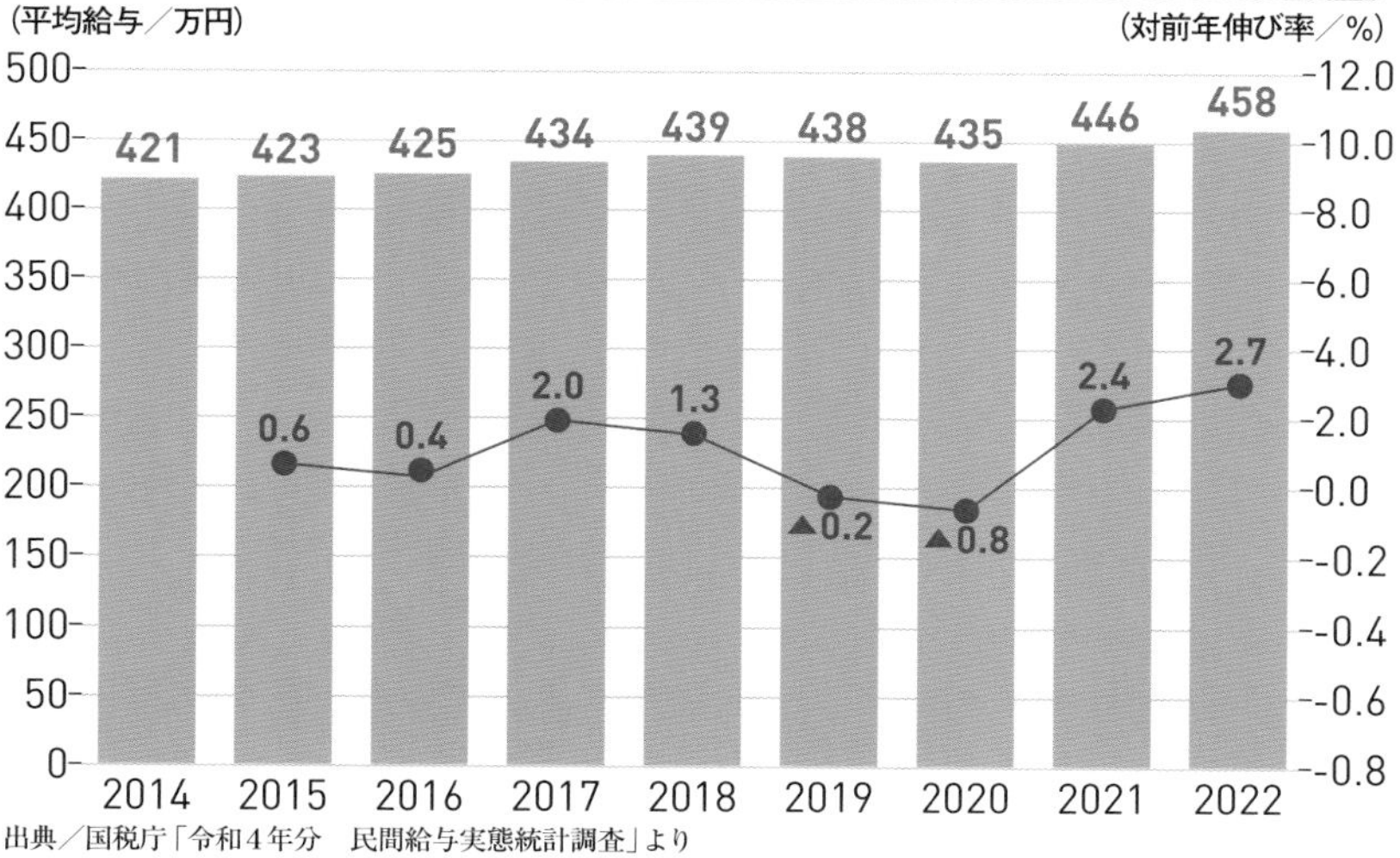

出典／国税庁「令和４年分　民間給与実態統計調査」より

ヒント 02

扶養と言えば「１０３万円」と思ってしまう理由

扶養と聞くと、「１０３万円」の数字を思い浮かべる人もいるかもしれません。これには2つの理由が考えられます。

ひとつは「扶養手当」です。**扶養手当とは、企業が福利厚生として、扶養家族がいる従業員に支給する手当のこと。**支給条件や金額は企業が自由に設定できます。

多くの企業では妻の所得制限を設け、２０１５年以前は年収１０３万円を、そのボーダーラインとする企業が多数を占めました。妻の年収がそのラインを越えると扶養手当の対象外になるため、妻が働く際、「死守すべき数字（収入）」として記憶されているのでしょう。

もうひとつは「配偶者控除」です。**配偶者控除とは、一定以下の所得金額の配偶者がいる納税者が受けられる所得控除のことです。**つまり、妻を扶養する夫の税金が減る優遇措置です。２０１７年以前は年収１０３万円がそのボーダーラインでした。妻の年収１０３万円以下であれば、夫には配偶者控除が適用されたのです。こちらも、妻が「死守すべき数字（収入）」の目安になったわけです。

しかし、現在は法改正による見直しで、必ずしも「１０３万円」だけにこだわるべきとは言えません。扶養に関わる数字は時代とともに変わることを認識しておきましょう。

あなたの扶養のゾーンはどこに当てはまりますか？

	妻（扶養される人）			夫（扶養する人）
妻の年収	住民税	所得税	社会保険料	所得税
100万円未満	支払わない（※1）	支払わない	支払わない	配偶者控除適用
100万円以上103万円未満	支払う	支払わない	支払わない	配偶者控除適用
103万円以上106万円未満	支払う	支払う	支払わない	配偶者特別控除適用
106万円以上130万円未満	支払う	支払う	勤務先による（※2）	配偶者特別控除適用
130万円以上150万円未満	支払う	支払う	支払う（※3）	配偶者特別控除適用
150万円以上201万円未満	支払う	支払う	支払う（※3）	配偶者特別控除の額が下がる
201万円以上	支払う	支払う	支払う（※3）	控除適用なし

（※1）住んでいる自治体による
（※2）「106万円の壁」（56ページ）の有無による
（※3）社会保険または国民健康保険・国民年金による

ヒント03

3つのメリットが、「扶養内で働く方が賢い」と思わせる

世の中の流れや実際に寄せられるマネー相談の経験から、「夫の扶養内で働くほうが賢い」という世間一般の雰囲気を感じます。左ページで紹介する扶養の「3つのメリット」を念頭に置いているからでしょう。

夫の社会保険があれば、妻も適用対象となり、病気・ケガ、出産時の保障を得られ、保険料の負担はありません（国民年金加入者としての権利もある）。他にも、夫の給料に対する税金も優遇され、会社からは扶養手当ももらえます。

たしかに扶養内でいるメリットはあるものの、「非正規雇用と扶養」の関係も見逃してはならない問題です。

女性は出産などで正規雇用を外れてパートなどの非正規になると、その後、正規雇用に戻るのは難しいとされています。また、非正規の場合、フルタイムで働き続けても労働に見合った給料が得にくいのも現実です。

そうなると扶養内に落ちつくものの、世帯収入が増えない生活からは抜け出せず、不満や不安を抱えてしまいがちです。

今は単純に扶養内で働くのが「賢い」「お得」とは言い切れません。扶養を正しく理解して、自分はどうすべきか考える。その後のライフプランなどを踏まえて、自身にとって賢く、得する働き方を選ぶことが大切です。

扶養に入ると「お金の面」で3つのメリットがある！

merit 01

（夫が社会保険加入者なら）**健康保険の被扶養者・年金3号被保険者になれる**（保険料負担をしないで加入できる）

merit 02

配偶者（特別）控除を受けることで夫の税金が優遇される

merit 03

夫に扶養手当がつくケースがある

今だけではなく
長期的な目線も忘れずに！

ヒント04

扶養の仕組みが2024年10月から変わる！

2024年10月より、パートなどの短時間労働者に対する社会保険の適用範囲が拡大されます。社会保険の加入を義務づける「106万円の壁」（詳細はP54ページ）が、**今後は「社員51人以上の会社」に適用されるのです。**

2016年10月に社員501人以上の会社、2022年10月に社員101人以上の会社へと適用範囲が拡大し、今回はより社員数が少ない会社へと適用が拡大されます。パートで働く人も「社会保険に加入する」流れになっていくわけです。

国はフルタイムで働く人だけでなく、多くの働き手に対して、働き方に見合った社会保障を得ることができ、勤務先の規模で受けられる社会保障に不公平が生じない制度を目指しています。近い将来、雇われて働く人のすべてが社会保険加入者になる日が来るかもしれません。

パートなどで働く側としては、社会保険料の支払いで、手取りが減るのを心配する方もいるでしょう。しかし、**社会保険や税金のルールを理解し、自分の手取りをイメージすることで、その心配は軽減させられます。**また、勤務先に保険料を半分負担してもらいながら、手厚い社会保障を受けられる点は魅力です。制度改正で社会保険加入のハードルが下がる今だからこそ、扶養の損得を見極めることが重要です。

従業員が少ない会社も社会保険の対象になっていく！

パート、アルバイトの社会保険適用範囲が拡大される流れ

		～2022年9月	2022年10月～	2024年10月～
事業所規模	社員数	501人以上	101人以上	51人以上
短時間労働者	週の所定労働時間	20時間以上	変更なし	変更なし
	賃金月額	88,000円以上（年収の目安が106万円以上）	変更なし	変更なし
	学生かどうか	学生ではない	変更なし	変更なし
	雇用期間	１年以上雇用される見込み	２カ月以上雇用の見込み	２カ月以上雇用の見込み
週の所定労働時間、及び月の所定労働日数が通常の労働者の４分の３以上のパート・アルバイト		社会保険加入対象		

01

Nanakoのマネーコラム

2024年10月の社会保険制度改正で何が変わる？

社会保険の適用拡大が進む中、保険料の負担は個人だけでなく、その半分の金額を支払う企業側も担います。

例えば「106万円の壁」を越えて働く月収15万円のパート労働者の場合、社会保険料は月約4万5000円かかり、半分の2万2000円が企業側の負担です。こうした働き方をする人が増えるほど、企業の負担も人数分増していきます。そのため、「106万円の壁」の条件となる月収８万8000円未満になる雇用契約をして、社会保険加入のパート労働者の人数を制限する企業も少なくありません。

2024年10月より、「106万円の壁」が適用される企業が社員「101人以上」から「51人以上」と制度が変更されます。規模の小さい企業も該当するようになるわけです。そのため、企業が社会保険加入者数を抑える流れはより強まるかもしれません。扶養を外れるのであれば、そうしたこともチェックしておく必要があります。

企業がパートの人の社会保険に加入させたくない理由

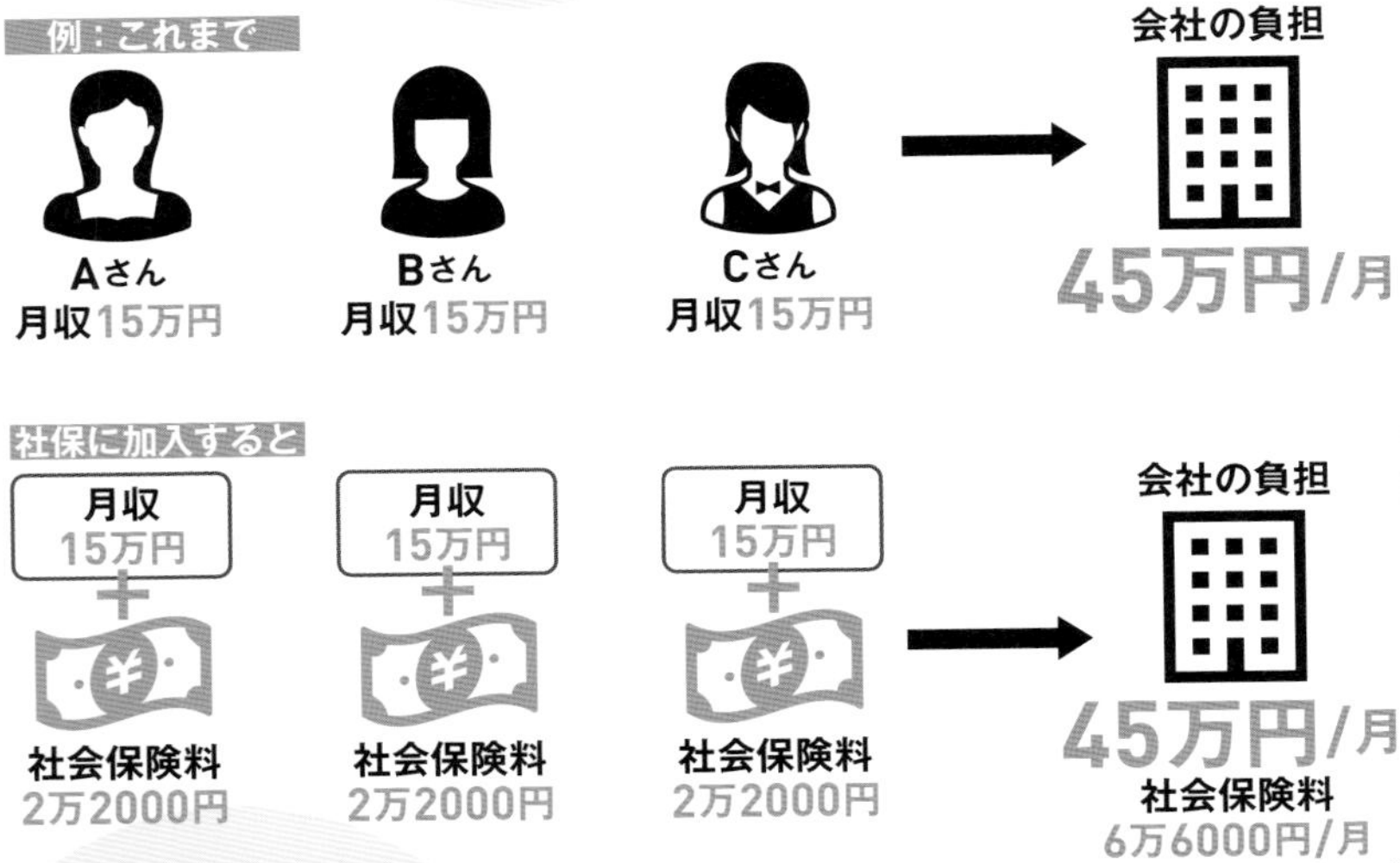

※令和6年度 協会けんぽ（東京都）の場合

Chapter
2

税金や社会保険……
家計から払うお金といつもにらめっこ
「私が悩む理由はどこ?」がわかる6つの扶養の壁

ヒント 05

税金、社会保険、手当……扶養の仕組みは「3つ」ある

「扶養に入る」「入らない」。よく耳にするフレーズですが、そもそも扶養とはどういうものなのか。知っているようで知らない、その意味を正しく理解しましょう。

扶養とは、自分の稼ぎだけでは暮らすことができない家族や親族に対して、経済的な援助をすることです。

夫がパートなどで働く妻を養うことや、子どもや両親などを養うことも含めて、扶養とされます。

妻が扶養に入ると、税金や社会保険料の負担が軽減され、扶養手当をもらえるなどのメリットがあります。**ただし、その基準は一律ではありません。**

働く妻が「自分の稼ぎで生計を立てられない」とみなされる状態が、税金や社会保険、扶養手当の枠組みによって違うからです。それぞれの基準（夫の会社や住んでいる地域など）に従い、税金や社会保険料の優遇措置と、扶養手当の有無が決まるのです。

こうした仕組みにより、扶養は「税金の扶養」「社会保険の扶養」「扶養手当」に分けられます。税金の扶養は国で設定する所得の条件がカギとなり、社会保険と扶養手当は会社によって条件が異なります。28ページからは、扶養の3つの仕組みを詳しく見ていきましょう。

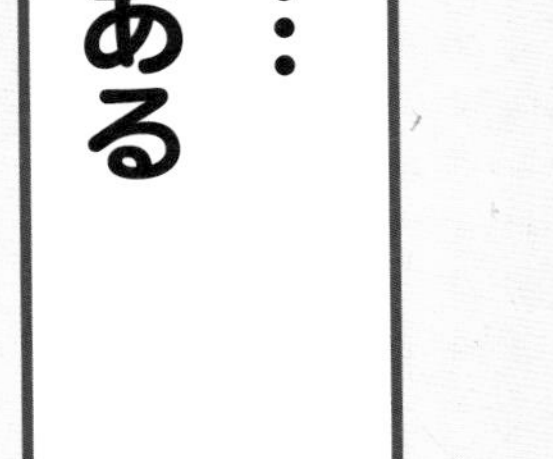

じつは3つある！「扶養」の仕組み

1

税金面で優遇される
（国や自治体の基準で異なる）

2

社会保険の保障が手厚くなる
（会社や働き方で異なる）

3

扶養手当がもらえる
（会社によって異なる）

それぞれ「扶養」の基準がまったく違うので注意を

ヒント 06

自分の「所得48万円」が扶養のボーダーラインに

税金の扶養とは、所得の少ない妻を養う夫に対して、税金（所得税・住民税）が優遇される制度です。養う側（夫）がその恩恵を受け、養われる側（妻）は影響を受けません。

「所得の少ない妻」とするのは、**扶養に入る条件に「年間の合計所得金額が48万円（給与収入のみだと103万円）以下であること」**とされているからです。そのほかに法律上の妻（内縁・事実婚は不可）で、日常生活のお金を共有（生計が同一）し、夫の事業から専従者給与を受け取っていない。または、白色申告者（※）の事業専従者でないことも条件です。

まず、妻が自分自身の年間の「所得」を知って扶養に入れるか否かを判断しましょう。といっても難しいことではなく、収入が給与のみの人は、年末や年明けに職場でもらえる「源泉徴収票」を見れば簡単にわかります。

源泉徴収票には年間の給与収入や所得税、社会保険料の金額などが記載されています。**「収入」と「所得」はまったく別ものです。**源泉徴収票にある給与の支払金額（給与収入）から給与所得控除額を差引いた金額が、給与所得です。その金額が48万円以下であれば、夫の税金の扶養に入れるということです。

夫は税金の扶養による優遇措置で配偶者控除を受けられ、税金の負担が減ります。

※白色申告者とは、個人事業主が所得税の確定申告をする際に、青色申告以外で申告する人のこと

妻の所得は「源泉徴収票」を見ればわかる

収入と所得の関係

妻の所得は「源泉徴収票」を見ればわかる!

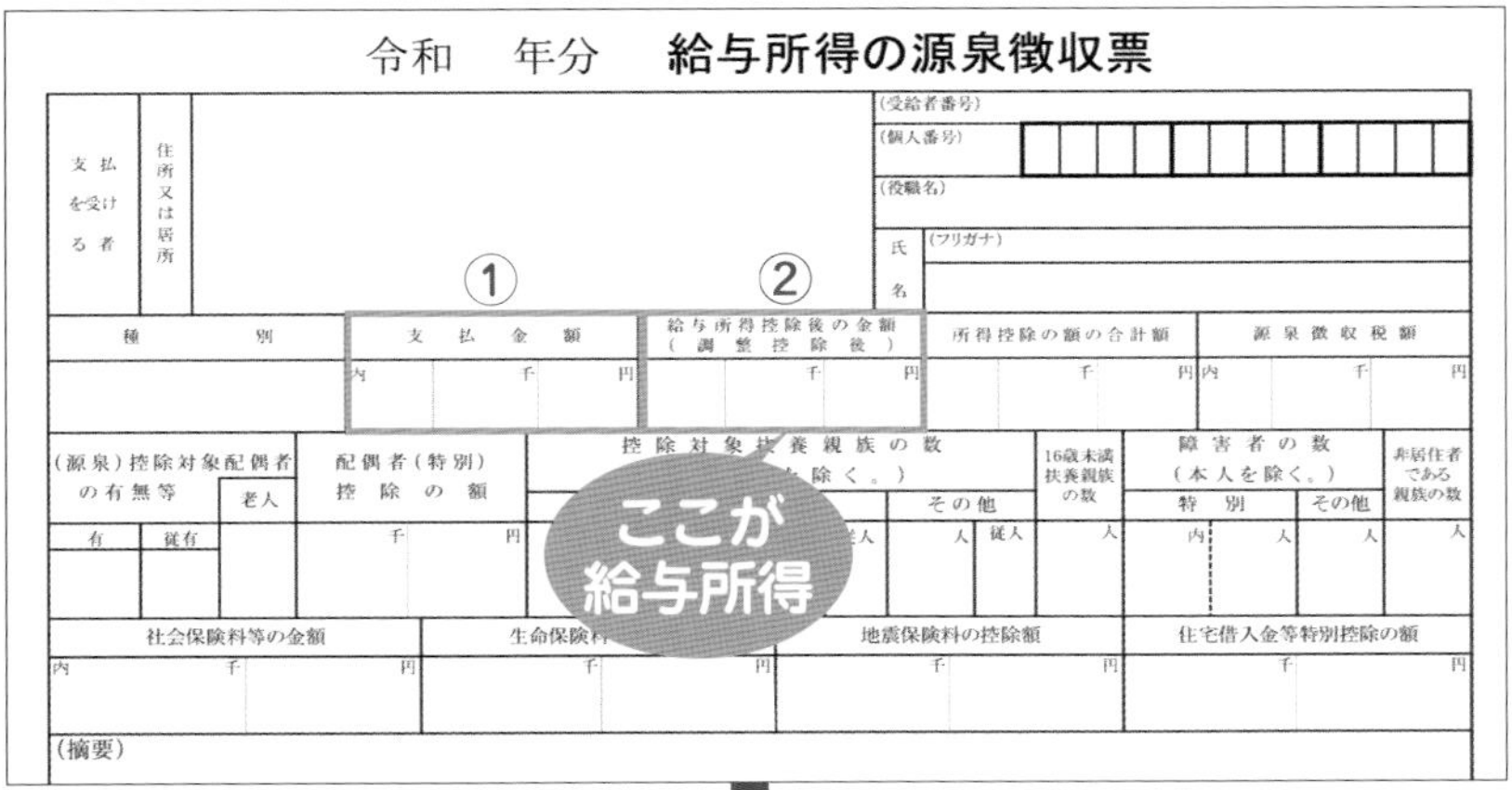
令和　年分　給与所得の源泉徴収票

支払を受ける者　住所又は居所
(受給者番号)
(個人番号)
(役職名)
氏名　(フリガナ)

① ②

種別
支払金額　内　千　円
給与所得控除後の金額(調整控除後)　千　円
所得控除の額の合計額　千　円
源泉徴収税額　内　千　円

(源泉)控除対象配偶者の有無等　有　従有　老人
配偶者(特別)控除の額　千　円
控除対象扶養親族の数(配偶者を除く。)　その他　人　従人
16歳未満扶養親族の数　人
障害者の数(本人を除く。)　特別　内　人　その他　人
非居住者である親族の数　人

社会保険料等の金額　内　千　円
生命保険料の控除額　千　円
地震保険料の控除額　千　円
住宅借入金等特別控除の額　千　円

(摘要)

支払金額①ー給与所得控除額=給与所得②

ヒント07

「夫の所得税率」を簡単に割り出す方法

税金の扶養により配偶者控除を受けた夫の税金負担はどのくらい減るのか？　その差額を知るために、夫の所得税の税率を調べてみましょう。

必要な書類は「夫の源泉徴収票」です。それをもとに所得税を導き出すまでの計算式は次のようになります。

●給与の支払金額－給与所得控除＝給与所得

●給与所得－各種所得控除＝課税所得

●課税所得×税率＝所得税

配偶者控除は所得控除のひとつです。妻の収入が１０３万円以下の場合、控除金額は38万円（※夫の給与年収１０９５万円以下の場合）。所得税は課税所得に税率を掛けて決まり、課税所得が高いほど所得税率は高くなります。配偶者控除を受けられれば、その分だけ所得税の計算の基となる課税所得を減らせて、夫の所得税負担を軽減できます。

なお、課税所得から所得税を割り出すための税率は、源泉徴収票には書かれていません。夫の課税所得がわかったら、所得税の速算表（左ページ）から該当する税率を選んで所得税を計算します。例えば、課税所得金額が５００万円の場合なら、「５００万円×20%－42万７５００円（控除額）＝57万２５００円」が所得税ということになります。

夫の所得税率を知ろう！

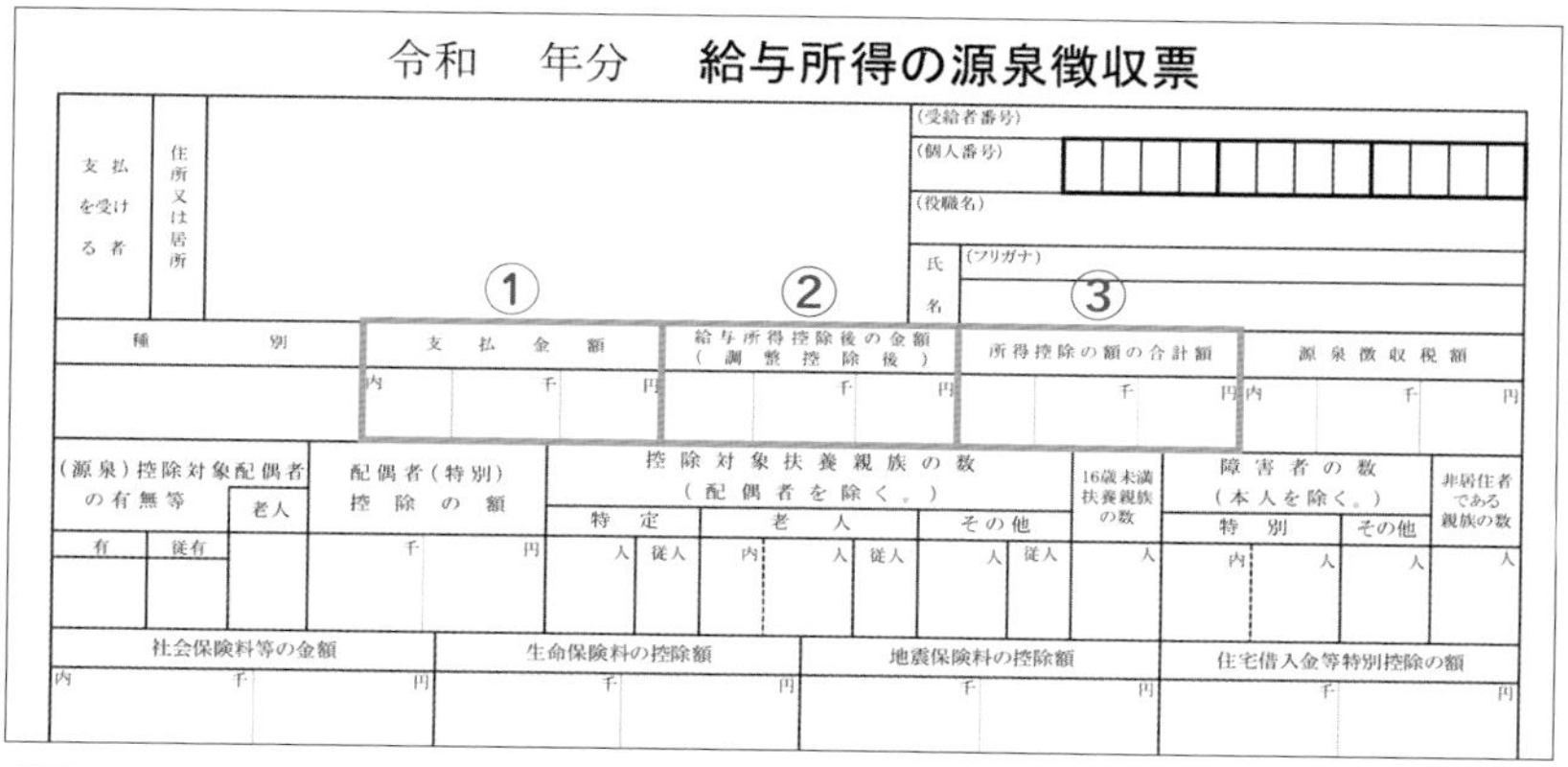
令和　年分　給与所得の源泉徴収票

支払を受ける者　住所又は居所

(受給者番号)
(個人番号)
(役職名)
氏名　(フリガナ)

① ② ③

種別	①支払金額	②給与所得控除後の金額（調整控除後）	③所得控除の額の合計額	源泉徴収税額
	内　千　円	千　円	千　円	内　千　円

(源泉)控除対象配偶者の有無等		老人	配偶者(特別)控除の額	控除対象扶養親族の数（配偶者を除く。）						16歳未満扶養親族の数	障害者の数（本人を除く。）			非居住者である親族の数
				特定		老人		その他			特別		その他	
有	従有		千　円	人	従人	内　人	従人	人	従人	人	内　人		人	人

社会保険料等の金額	生命保険料の控除額	地震保険料の控除額	住宅借入金等特別控除の額
内　千　円	千　円	千　円	千　円

①支払金額

②給与所得　**給与所得控除**

課税所得　**③所得控除**

（②ー③）　▲配偶者控除も含まれる

課税される所得金額	税率	控除額
1,000円から1,949,000円まで	5%	0円
1,950,000円から3,299,000円まで	10%	97,500円
3,300,000円から6,949,000円まで	20%	427,500円
6,950,000円から8,999,000円まで	23%	636,000円
9,000,000円から17,999,000円まで	33%	1,536,000円
18,000,000円から39,999,000円まで	40%	2,796,000円
40,000,000円以上	45%	4,796,000円

➡ **夫の税率**　　　%（※）

（※）復興特別所得税は除く

ヒント 08

夫の勤め先の健康保険組合によって扶養条件が違う

社会保険の扶養とは、会社員や公務員の夫の扶養に妻が入っている場合、社会保険料を負担せずに夫の健康保険や公的年金に加入できる制度です。

養われている側（妻）がその恩恵を受けられ、養う側（夫）には負担はありません。

扶養に入れるかどうかは国が所得などのルールを設定する「税金の扶養」とは違い、夫の会社が加入している健康保険の組合が決めています。例えば、「妻の年収が130万円未満」など、**組合によって、健康保険に加入できる条件は異なります。**

健康保険組合には主に会社員の属する「組合健保（健康保険組合）」や「協会けんぽ（全国健康保険協会）」と、公務員等の属する「共済組合」があります。

夫がどの健康保険組合に所属しているかわからない場合は、保険証に「所属の組合名」が書かれているので、チェックしてみるといいでしょう。

なお、自営業者やフリーランスが加入する国民健康保険には「扶養の概念」がありません。そのため、夫が自営業者やフリーランスの場合、収入に関係なく、妻は自分で国民健康保険や国民年金に加入し、夫とは別に保険料を支払っていく必要があります。

勤め先によって違う「健康保険」の種類

被用者保険（職場で加入する医療保険）

	加入者
組合管掌健康保険	勤務先に健保組合がある従業員
全国健康保険協会管掌健康保険（協会けんぽ）	勤務先に健保組合がない従業員
船員保険	船員
共済組合など	公務員・私学教職員

地域保険（地域住民が加入する医療保険）

	加入者
国民健康保険	自営業 農林漁業従事者 無職の人など

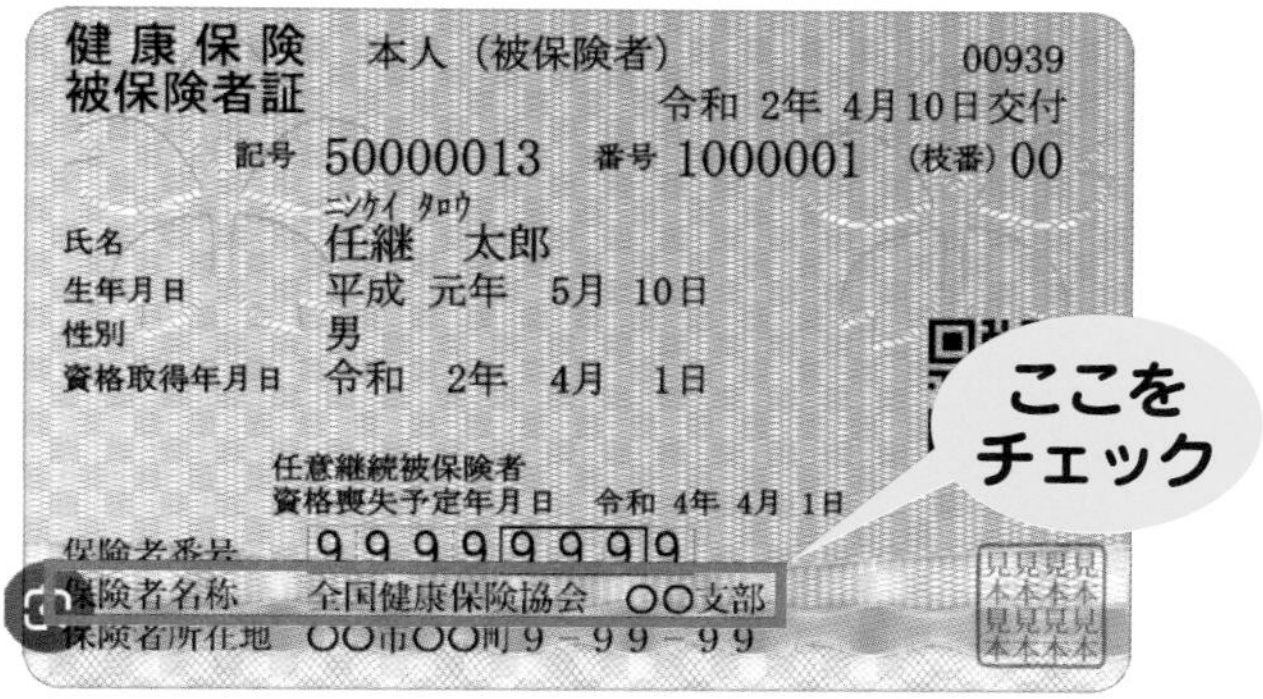
健康保険 被保険者証　本人（被保険者）　00939
令和 2年 4月10日交付
記号 50000013　番号 1000001　（枝番）00
氏名 任継《ニンケイ》　太郎《タロウ》
生年月日 平成 元年 5月 10日
性別 男
資格取得年月日 令和 2年 4月 1日
任意継続被保険者
資格喪失予定年月日 令和 4年 4月 1日
保険者番号 99999999
保険者名称 全国健康保険協会 〇〇支部
保険者所在地 〇〇市〇〇町9－99－99

ヒント09

扶養手当

「もらえるお金や条件」は夫の勤め先でチェックを！

扶養手当とは、企業が福利厚生を目的に**「扶養家族がいる従業員に支給する手当」のこと**です。支給条件や金額は各企業によって違いがあります。

扶養手当の詳細を知りたいと思ったら、どうしたらいいのか？ **その内容は企業の就業規則等に明記されています。**手当を受けるのは夫ですから、夫に話して勤務先の就業規則等を確認してもらうといいでしょう。

扶養手当の対象は妻、子ども、父母が一般的です。扶養手当と呼ばず、「家族手当」など他の名称で支給する企業も少なくありません。

令和４年の国の調査によると、扶養手当等の制度がある企業は7割以上にのぼります。支給額は会社のルールや、妻や子どもなど対象者によって変わりますが、先の調査では平均で月１万７６００円となっています。

扶養手当は給料と同じく毎月支給されます。給料プラスアルファの手当として少ない金額ではないため、貴重な世帯収入のひとつになるでしょう。平均値で計算すると、年間支給額は21万１２００円にもなります。

扶養手当の有無が家計を左右する家庭もあるかもしれません。ただし、妻の働き方（年収）で対象外となるケースもあり得るので、支給条件をチェックする必要があります。

就業規則のここをチェック！

就業規則の例

＜扶養家族の範囲＞

第二条　扶養家族とは、主として社員の収入によって生活を維持するものであって、**所得税法に定める控除対象**となるべき配偶者、子、及び60歳以上の父母をいう。

＜支給額＞

第三条　家族手当は、扶養家族を有する社員に対して、次の基準によって支給する。

（1）**配偶者　月額15000円**

（2）**第一子　月額10000円**

（3）**第二子以降（1人）　月額5000円**

扶養手当・家族手当の金額の相場

従業員数	平均支給額（扶養手当、家族手当など）
平均	1万7600円
1000人以上	2万2200円
300～999人	1万6000円
100～299人	1万5300円
30～99人	1万2800円

出典：厚生労働省「令和2年就労条件総合調査」

ヒント10

扶養に入る際に知っておきたい！6つの年収の壁

「税金の扶養」「社会保険の扶養」「扶養手当」と、それぞれ解説してきました。この3つの扶養の仕組みに共通して、意識しなければならない問題があります。それは自分が扶養に入れるか、そうでないかを左右する「年収の壁」です。「はじめに」でも触れましたが、ここでも詳しく説明しましょう。

パートなどで働く妻が一定の収入を超えると、税金や社会保険の制度上、「扶養されなくていい状態」とみなされます。すると夫の税金の優遇が減り、社会保険料の支払いが生じ、扶養手当ももらえなくなります。結果、手元に残るお金が減ることも起こり得ます。

扶養内と認められなくなる年収のボーダーラインを称して「年収の壁」と言われています。妻の年収増が、必ずしも世帯の手取り増につながらなくなるため、「働き損」を避けて働く時間を調整する人もたくさんいます。

年収の壁は大きく分けて6つあります。「100万円・103万円・150万円・201万円」が税金の扶養に影響する壁、「106万円」「130万円」が社会保険の扶養に影響する壁です（年収の壁と扶養手当の関係はP71で解説）。各年収の壁が税金と社会保険にどう影響してくるのか、壁を越えたらどうなるのか、順番に解説していきます。

妻の収入によって「6つの扶養の壁」がある！

ヒント11 妻に「住民税」の支払いが発生するだけ

「100万円の壁」ここがポイント

「100万円の壁」は、**妻に住民税の支払いが発生する壁です。**住民税は、住まいのある都道府県、および市区町村に支払う税金（市区町村民税と道府県民税・都民税）のことです。「所得割」「均等割」の2種類があり、「所得割」は前年1年間の所得に対して約10％、「均等割」は非課税の人以外全員が決まった年額を支払います（非課税の場合、均等割もかからない）。

妻の年収が約100万円以下であれば住民税はかかりません。いわゆる住民税非課税の状態です。ただし、非課税の基準は住んでいる自治体によって異なります。神奈川県の例で言えば、以下の3つの自治体の非課税基準は次のとおりです（いずれも被扶養者がいない場合）。

＜神奈川県小田原市＞
合計所得45万円以下→給与収入100万円以下

＜神奈川県中郡大磯町＞
合計所得42万円以下→給与収入97万円以下

＜神奈川県足柄上郡中井町＞
合計所得38万円以下→給与収入93万円以下

同じ県内でも違いが出てくるわけです。

なお、**「100万円の壁」は厳密には扶養に関する壁ではありません。単に妻自身に住民税を納める必要が生じるだけで、税金や社会保険の優遇措置は変わらず受けられる**からです。

市区町村で住民税の発生額は違う！

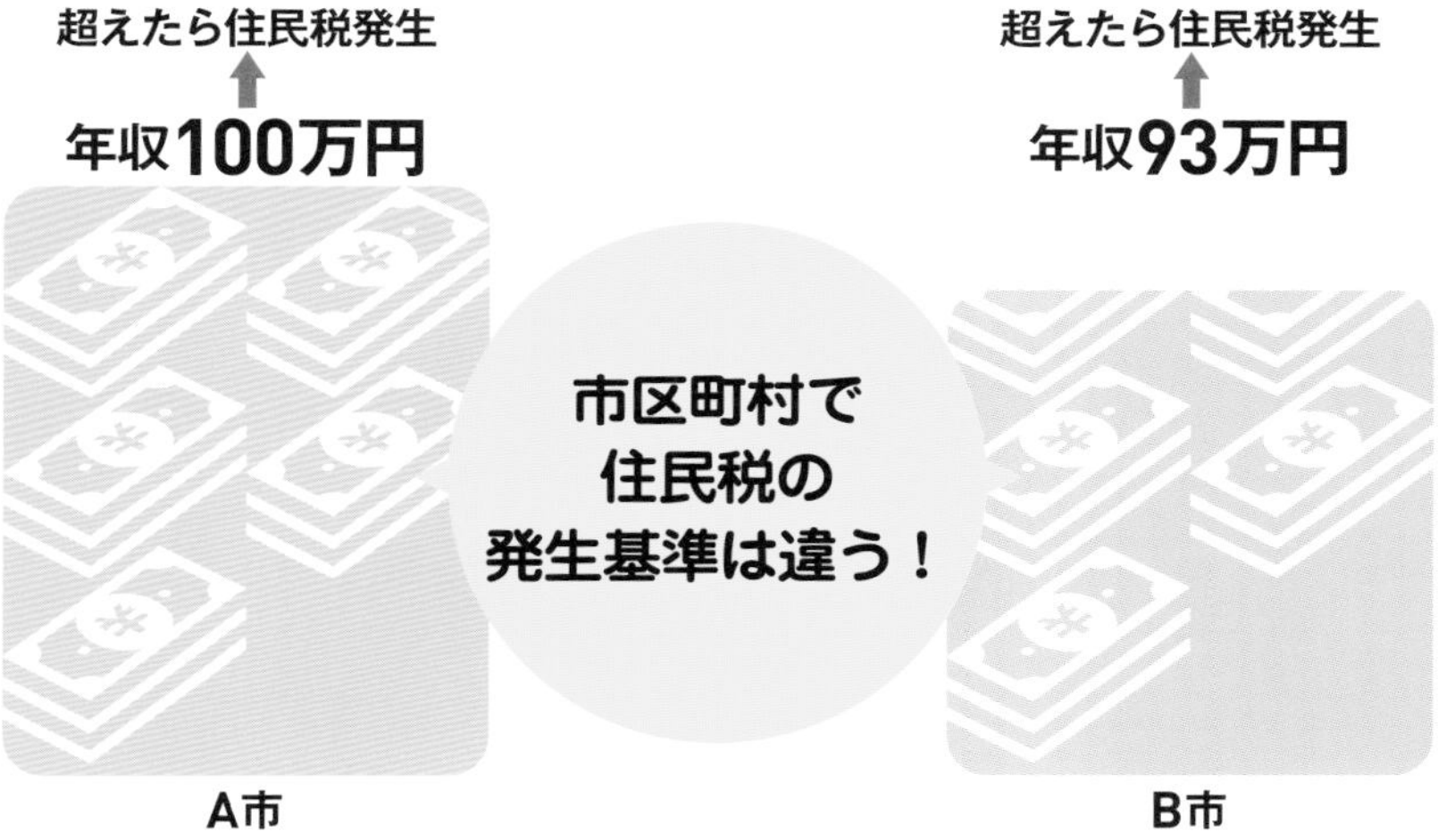

住民税には２つの種類がある

	所得割（標準税率）	均等割（年額）
市区町村民税	6%	3500円
道府県民税・都民税	4%	1500円
合計	10%	5000円

（※）令和6年より森林環境税（国税）1000円が上乗せ

ヒント
12

「１００万円の壁」を越えたらどうなる？

妻の年収が１００万円を超えた場合、妻自身に住民税がかかります。その金額はいくらか。

神奈川県横浜市在住、年収１０２万円の方のケースを例にシミュレーションしてみましょう。

【所得割】

●給与収入１０２万円－給与所得控除55万円＝給与所得47万円

●給与所得47万円－基礎控除43万円＝４万円

●４万円×税率10・０２５％－２０００円（調整控除）＝２０００円（１００円未満切り捨て）

【均等割】

６２００円

【住民税合計】

●所得割２０００円＋均等割６２００円＝８２００円

年収１０２万円だと、収入から住民税を差し引いた手取りは、101万1800円になります。

住民税非課税ラインの年収１００万円と比較した場合、年２万円の収入増に対して手取りで得られるのは１万１８００円。税負担により、１００万円を超えた収入（２万円）の半分ほどしか、実際の手取り金額は増えません。

　これをどう捉えるかだと思います。損と捉えて働きをセーブするか、逆に増やすか、それとも、しかたないと受け入れるかの判断でしょう。

住民税（所得割）の金額イメージ例

超えた金額から算出

102－100＝2×10%
（万円）　（万円）（万円）

所得割は2000円

+均等割

お住まいの自治体の
「非課税ライン」をチェック！

ヒント 13

妻に所得税がかかり始める分岐点とは？

「１０３万円の壁」には、２つの意味があります。ひとつは妻が払う所得税に関する壁です。

所得税はその年１年間の所得に応じて支払う税金で、妻の年収が１０３万円を超えるとかかってきます。

では、なぜ１０３万円までは所得税がゼロとなるのでしょうか？

給与所得からは給与所得控除55万円と基礎控除48万円を差し引くことができるからです（※控除額は収入で差がある）。

●１０３万円－48万円－55万円＝０円

という計算です。

結果、税金が掛かる元となる課税所得の金額がゼロとなるため、税率を掛けて計算する所得税もゼロとなるのです。

基礎控除と同じく所得から差し引ける所得控除には、医療費控除や生命保険料控除などがあります。

所得控除は15種類もあり、うまく活用していくことで課税所得（あるいは税金）を少なくできます。

したがって、年収が１０３万円を超えた場合でも、所得税の負担をなくしたり、減らしたりすることが可能です。

節税策として所得控除の活用を覚えておきましょう。

02

Nanakoのマネーコラム

年収が103万円を超えるなら「iDeCo」で得しよう

「103万円の壁」を越えると、「妻自身に所得税がかかる」ことはわかったと思います。

所得税は、給与などの所得金額から一定の金額を差し引いた課税所得に税率をかけて計算します（P.31）。この一定の金額にあたるのが所得控除です。各種の所得控除を差し引くと課税所得を少なくでき、所得税を減らすことにつながります。

所得控除と言えば、「医療費控除」や「生命保険料控除」がおなじみですが、「iDeCo」（個人型確定拠出年金）もそのひとつとして、高い節税効果を得られるのをご存じでしょうか。

iDeCoは自分で毎月積み立てる金額や商品を決め、将来の年金を積立運用する私的年金の制度。掛け金のすべてが所得控除の対象になるなど、税制優遇の大きさが魅力です。

よく比較される「NISA」（少額投資非課税制度）には、掛け金に対する税制の優遇措置は設けられていません。

パート女性でもiDeCoの持つ節税の恩恵を受けられます。例えば、毎月1万円を積み立てた場合には年間12万円が所得控除の対象とされ、所得税と住民税を合わせて1万8000円の税負担軽減（所得税率5％、住民税率10％）となります。

扶養内でパートをする方のiDeCoの掛金上限は月2万3000円です（年間27万6000円）。上限金額までiDeCoにお金を積み立てた場合、年収130万6000円までは所得税がからないですみます（130万6000円－27万6000円＝103万円）。

ただし、iDeCoは「妻の税金を減らす効果がある」だけです。各種扶養の判断においては、あくまで妻の収入（所得）で判断しますので注意してください。

Nanako's MONEY Column

ヒント14

実際に気にするのは「１５０万円」でいい理由

「１０３万円の壁」ここがポイント②

「１０３万円の壁」のもうひとつの意味は、**配偶者控除に関する壁です。**

妻の年収が１０３万円以下の場合、夫は配偶者控除を受けられます。夫の課税所得から差し引ける配偶者控除の金額は38万円です。

この配偶者控除は妻の年収が１０３万円を超えると受けられなくなります。そのことで夫の税金が増えるのを心配し、働きをセーブする人が多くいました。

しかし、２０１８年の税制改正で状況は大きく変わりました。妻が年収１０３万円を超えても１５０万円までであれば、夫は変わらず38万円の「配偶者特別控除」を受けられます。

ただ、夫の税金以外にも「１０３万円の壁」を意識しなければならない問題があります。それは「所得制限や手当」です。知らずにいると損をするので、Ｐ46でチェックしてください。

なお、先の配偶者（特別）控除の金額は夫の所得によっても変わります。

夫が給与年収１０９５万円（所得９００万円）までは一律38万円ですが、１０９５万円を超えると段階的に下がっていき、１１９５万円（所得１０００万円）を超えるとゼロになります。該当する方は限られますが、その点も注意しましょう。

103万円の壁を越えるのに注意したい４つのケース

130万円まで
稼ぐのは危険！

01
配偶者以外の税金上の扶養に入りたい人

➡大学生やフリーターは注意

02
給料に扶養手当がつく人

➡夫の勤務先の「手当」の基準を確認しよう

03
所得制限にひっかかりそうな人

➡「住民税の課税標準」に注意が必要かも？

04
障害者控除を受けたい人

➡本人が障害者控除を受けるときはOK

夫の税金以外にも、
こんなことに注意が必要

ヒント15

「103万円の壁」越えで注意したい4つのケース

1 配偶者以外で税制上の扶養に入りたい人

配偶者特別控除のおかげで、妻の年収が103万円を超えても150万円までなら夫の税金は増えないが、その対象は「配偶者」のみ。例えば、大学生の子がアルバイトをして年103万円超稼いだ場合は、その時点で扶養を外れることに。親の税金は増え、当然ながら子ども自身にも税負担が生じる。

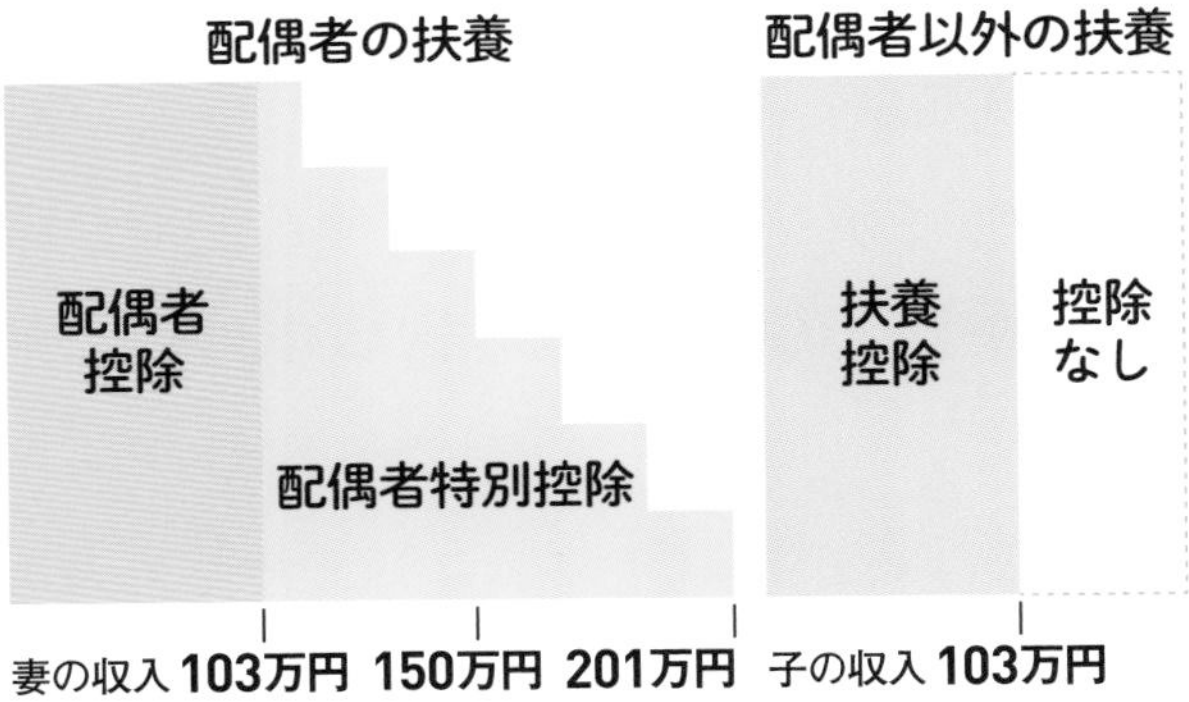

2 給料に扶養手当がつく人

夫の会社の扶養手当支給要件に、妻の収入制限を設けるケースがある。令和4年の国の調査によると、その金額と割合は「103万円」が5割弱。つまり、妻の収入が103万円を超えると、扶養手当が支給されなくなる。扶養手当の対象外とわかった場合、時間を遡って手当の返還義務を規定する会社もある。

配偶者の収入の基準

103万円	130万円	150万円	その他
約47%	約34%	約8%	約11%

3 所得制限にひっかかりそうな人

国の子育て世帯支援策には多くの制度で所得制限が設けられている。例えば、児童手当。年収960万円以下、妻の収入条件は「103万円以下」（夫と子ども2人の場合）となっている（2024年10月から所得制限は撤廃）。また、高校などの授業料が支給される高等学校等就学支援金制度も、妻の収入が103万円を超えると所得制限に影響する。

高等学校等就学支援金制度の所得基準に相当する目安収入（例）

	子の数	118,800円の支給（月額9,900円）の対象	396,000円の支給（月額33,000円）の対象
両親が共働きの場合	子１人（高校生） 扶養控除対象が１人の場合	～約1030万円	～約660万円
両親が共働きの場合	子２人（高校生・中学生以下） 扶養控除対象が2人の場合	～約1030万円	～約660万円
両親が共働きの場合	子２人（高校生・高校生） 扶養控除対象が２人の場合	～約1070万円	～約720万円
両親が共働きの場合	子２人（大学生・高校生） 扶養控除対象が１人、特定扶養控除対象が１人の場合	～約1090万円	～約740万円
両親が共働きの場合	子３人（大学生・高校生・中学生以下） 扶養控除対象が１人、特定扶養控除対象が１人の場合	～約1090万円	～約740万円
両親のうち一方が働いている場合	子の数	118,800円の支給（月額9,900円）の対象	396,000円の支給（月額33,000円）の対象
両親のうち一方が働いている場合	子１人（高校生） 扶養控除対象が１人の場合	～約910万円	～約590万円
両親のうち一方が働いている場合	子２人（高校生・中学生以下） 扶養控除対象が１人の場合	～約910万円	～約590万円
両親のうち一方が働いている場合	子２人（高校生・高校生） 扶養控除対象が２人の場合	～約950万円	～約640万円
両親のうち一方が働いている場合	子２人（大学生・高校生） 扶養控除対象が１人、特定扶養控除対象が１人の場合	～約960万円	～約650万円
両親のうち一方が働いている場合	子３人（大学生・高校生・中学生以下） 扶養控除対象が１人、特定扶養控除対象が１人の場合	～約960万円	～約650万円

4 障害者控除を受けたい人

扶養している妻に障害がある場合、その程度に応じて夫は障害者控除を受けられる。ただし、妻の年収が103万円を超えると障害者控除は適用されない。

ヒント16

「103万円の壁」を越えたらどうなる?

妻の年収が103万円を超えた場合、夫は配偶者控除を受けられなくなります。

しかし、前述したとおり、2018年の税制改正により年収150万円までは控除額自体変わらないため、夫の所得税・住民税が増える心配はありません。

一方、妻の方は103万円を超えた金額に対して所得税がかかってきます。

例えば年収110万円であれば所得税の税率は5%です。

課税所得は、

●110万円−103万円＝7万円

所得税は、

●7万円×5%＝3500円（復興特別所得税は除く）

という計算になります。

妻が年収110万円のとき、103万円に比べて、年7万円収入がアップしますが、所得税が発生して手取りは3500円分減ります。が、それほど重い負担ではないでしょう。

加えて、年収150万円までは夫の税金への影響もありません。

そのため、すぐに夫の税金への影響は心配しなくてもよいでしょう。**扶養手当の基準やこの後説明する社会保険の扶養の問題を踏まえ、壁を越えるかどうか探っていく必要があります。**

「103万円超えたら」ワンポイントアドバイス

本人の収入に
対して所得税
がかかるよう
になる

夫の税金への
影響はなし
(年収150万円まで)

扶養手当や
社会保険を
踏まえて検討する
必要がある

ヒント17

201万円以上稼ぐと「夫の税金の優遇」がなくなる

「１５０万円と２０１万円の壁」

「１５０万円の壁」は、**夫の税金の優遇が少しずつ減り始める壁**です。妻の年収が１５０万円を超えると、**「配偶者特別控除」の金額が段階的に少なくなっていく**ということを表しています。

年収１０３～１５０万円までであれば、夫は満額38万円の配偶者特別控除を受けられます。それが「１５０万円の壁」を越えると変わります。控除額が38万円から少しずつ減っていき、その影響で夫の税金が増え始めます。

「２０１万円の壁」は、**夫の税金の優遇がなくなる壁**です。つまり、妻が年収２０１万円を超えると、**配偶者特別控除はゼロ**になります。正確には年収２０１万６０００円をボーダーラインとし、その年収額まであれば配偶者特別控除を受けられて、それを超えると税金の扶養から完全に外れてしまうのです。

夫の年末調整の手続きでは、妻は配偶者控除、または配偶者特別控除の数字を明らかにする必要があります。

とくに年収１５０～２０１万円までは判定基準がこまかくなるので注意しなければなりません。提出書類の書き方を心得て、ミスなく税金の優遇を確実に受けられるようにしたいところです。

ヒント18

「１５０万円と２０１万円の壁」を越えたらどうなる？

妻の年収が１５０万円を超えると配偶者特別控除の税制優遇が段階的に下がり、夫の税金（所得税・住民税）が増えます。

年収約２０１万円を超えると配偶者特別控除がゼロとなるため、税金の負担は増します。

ただし、**夫の税負担は増えるものの、どちらのケースもそれ以上に「世帯年収」は増えています。**

年収が１５０万円から１６０万円で10万円増、２０２万円なら52万円増で、そこに占める税負担は５分の１程度と割合は低いのです。

税負担を大きく上回るため、年収の増加は家計にとってもプラスだと思います。

夫の稼ぎで変わる！**所得別配偶者特別控除の金額**

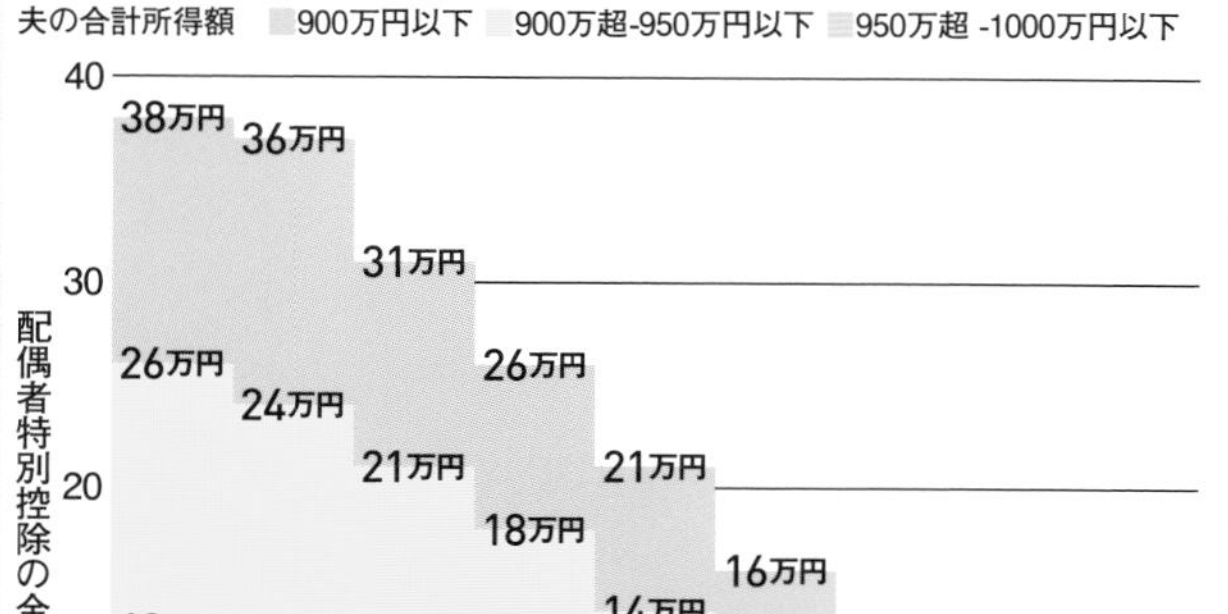

03

Nanakoのマネーコラム

図解を見ればやり方がわかる！年末調整の書き方

毎年、12月になると、企業では給与所得者の所得税を正しく精算するために年末調整が行われます。

パートで働く妻が夫の扶養には入るときは、夫から手渡される年末調整の書類にその旨を記載しなければなりません。とはいえ、何をどう書いたらいいかわからない……そんな人は多いのではないでしょうか。

そもそも税金上の扶養に入るというのは、夫が「妻を養っているので税金を安くしてください」と申し出ることを意味します。そうすることで夫の税金を計算する「元」から妻の扶養分として、一定の金額が引かれるため、夫の税金が安くなるわけです。

前提として妻は「養われている」状態ですから、一定の収入以下という所得制限が設けられています。

また、「養っている」夫に対しても税制優遇の必要性から、一定の収入以下という所得制限が設けられています。年末調整の際は、夫妻それぞれの所得制限についてオーバーしていないかを確認し、扶養に入る手続きを行うことになるのです。

左ページでは年末調整の書類をもとにした一連の書き方を紹介しています。

一番のポイントは、給与所得の収入欄に「見込み」の年収を記入することです。税金を計算する際の年収は１月１日から12月31日までとなるものの、書類を書く時点ではわかりません。そこで年末までの給料を予測して金額を記すのです。その後、導き出される区分で所得制限が判定され、扶養に入れるかどうかがわかります。

私の YouTube 動画「年末調整で扶養に入る部分の記入法」(https://youtube/watch?v=rg25u1Qiym8）も参考にしてみてください。

夫の税金の元から「引いてもらえる金額」を知ろう

夫の年末調整の用紙

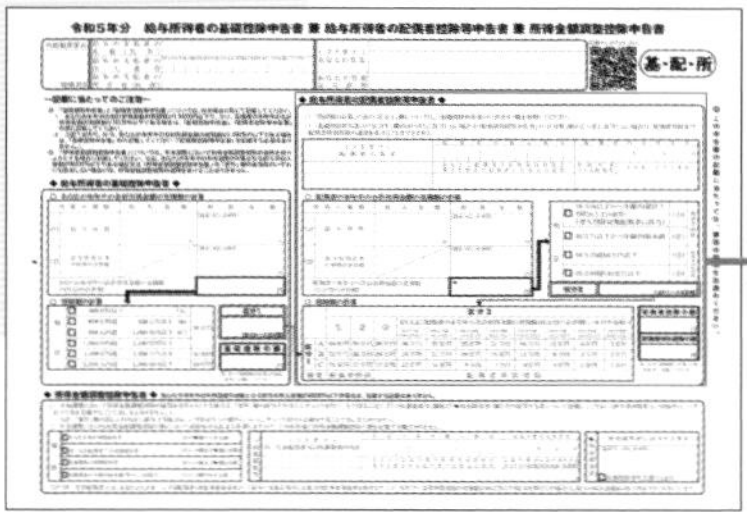

1

「配偶者」=妻の記入するところ

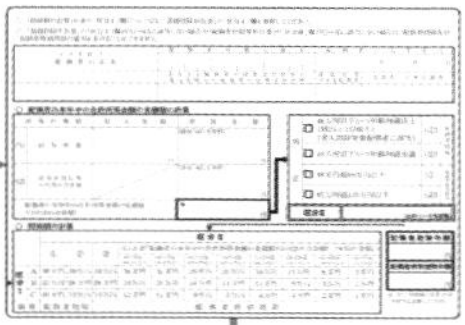

「あなた」は夫を指し、「配偶者」は妻のことを指し、それぞれの情報を記載する。これを間違えるとミスにつながるので要注意

収入にカウントされないものは除く(出産育児一時金など)

妻の収入 ー 給与所得控除 = 所得金額

2

所得金額を割り出そう

収入金額の欄に、12月末までの見込み年収を記載。年収120万円の場合、給与所得控除55万円を差し引いた65万円が所得金額に

3

判定			
□ 48万円以下かつ年齢70歳以上(昭29.1.1以前生)《老人控除対象配偶者に該当》	(①)	配偶者控除
□ 48万円以下かつ年齢70歳未満	(②)	
□ 48万円超95万円以下	(③)	配偶者特別控除
□ 95万円超133万円以下	(④)	
区分Ⅱ	(上の①~④を記載)	

該当するところにチェック

判定に進み、該当区分にチェックを入れる。ここで133万円を超えていたら、所得制限オーバーで扶養には入れないことがわかる

4

		区分Ⅱ										
		①	②	③	④(上記「配偶者の本年中の合計所得金額の見積額((1)と(2)の合計額)」(※印の金額))							
					[illegible]	[illegible]	[illegible]	[illegible]	[illegible]	[illegible]	[illegible]	[illegible]
区分Ⅰ	A	48万円	38万円	38万円	36万円	31万円	26万円	21万円	16万円	11万円	6万円	3万円
	B	32万円	26万円	26万円	24万円	21万円	18万円	14万円	11万円	8万円	4万円	2万円
	C	16万円	13万円	13万円	12万円	11万円	9万円	7万円	6万円	4万円	2万円	1万円
摘要		配偶者控除		配偶者特別控除								

区分にチェックを入れよう

夫の「区分Ⅰ」と妻の「区分Ⅱ」が交わるところに丸印を。そこに書かれた金額が夫の税金の「計算の元」から引かれる金額になる

夫の税金の「元から引かれる」金額がわかる

5

配偶者控除の額
円 ←①と②の人
配偶者特別控除の額
円 ←③と④の人

配偶者控除も記入しよう

妻の区分が①か②のときは配偶者控除、③か④のときは配偶者特別控除の欄に、丸印をつけた金額を書き入れる

ヒント 19

小さい会社でも社会保険が適用されるように

「１０６万円の壁」は、妻自身が勤務先で社会保険に加入することになる壁です。

月額賃金などの一定の条件を満たすと社会保険（健康保険・厚生年金保険）の加入を義務付けられます。妻自身が社会保険に加入する場合は、年収１３０万円未満でも夫の扶養から外れます。

以前はパートなど短時間で働く人は、勤務先で社会保険に入ることができませんでした。

これが２０１６年に始まった社会保険の適用拡大によって、２０２２年10月に社員１０１人以上、２０２４年10月に社員51人以上の企業へと社会保険の適用拡大が進んでいるのは前に書いたとおりです。

なぜ、今そうしたことが起きているのでしょうか。

社会保険の適用拡大には、国民年金の第２号被保険者（厚生年金加入者）を増やしたいという国の考えがあります。

国民年金は加入者の立場により第１号、第２号、第３号の３つに分けられます。

第２号の夫の扶養内で働く女性は第３号に属し、保険料を負担しません。

国としては第３号の人を減らして、企業と折半で保険料を負担する第２号へと移行させ、働き方に応じた社会保障を得られるようにしたいと考えています。

年金制度の被保険者は3つに区分けされる

勤務先の状況は「厚生年金保険・健康保険 適用事業所検索システム」も参考に

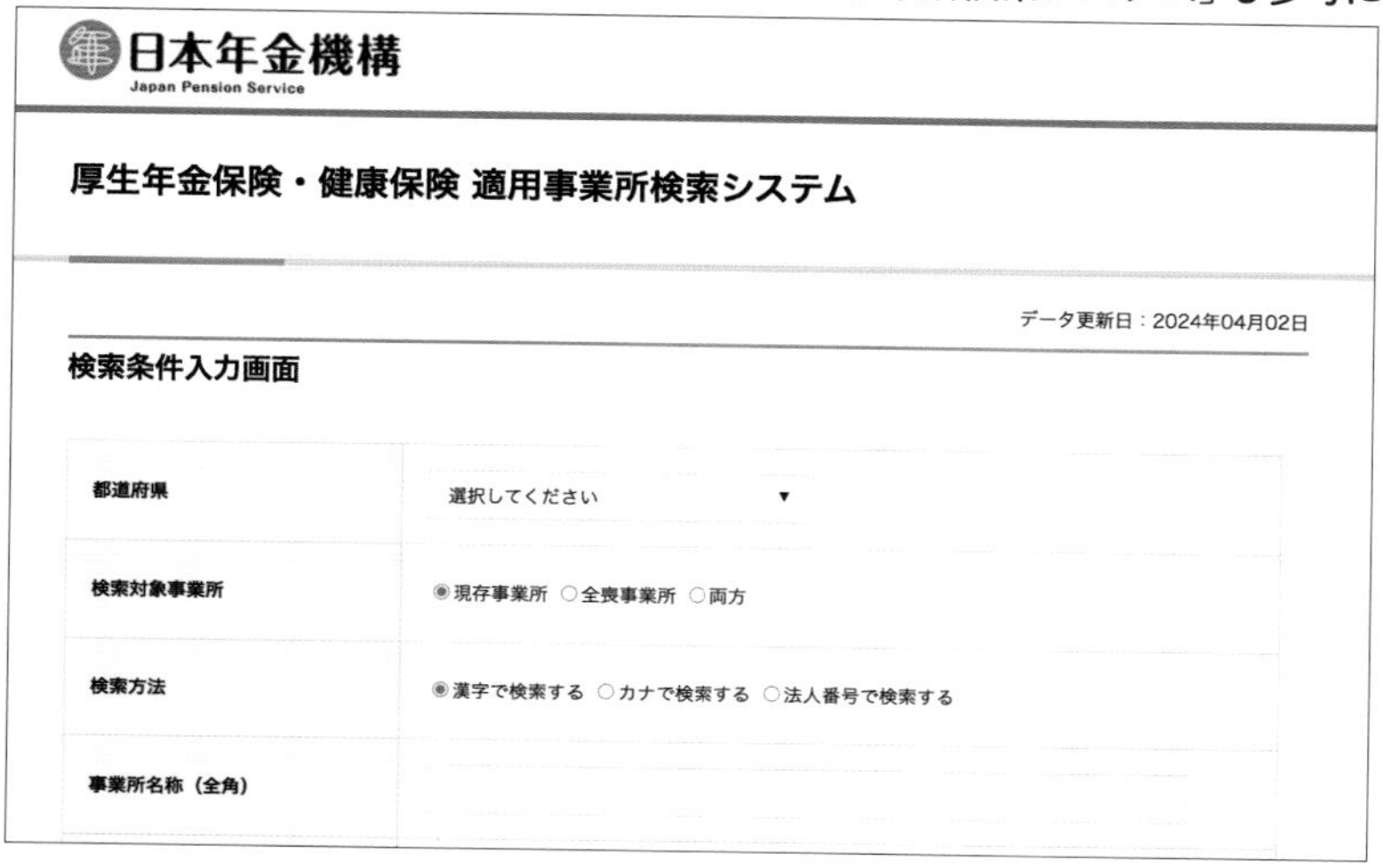

社会保険の扶養

「１０６万円の壁」ここがポイント②

ヒント 20

カン違いしやすい条件の「盲点」を理解しよう

「１０６万円の壁」の拡大により社会保険に入れるのはどんな人なのか。左ページで紹介するのがクリアすべき5つの条件です。すべて満たすと、社会保険に加入できます。

①の「週の労働時間が20時間以上」は契約に基づいた勤務時間を指し、残業などを含む実際の勤務時間ではありません。②の「月額賃金８万８０００円以上」も同様です。契約に基づく賃金（時給×時間数）が前提になります。

例えば契約上、時給が高く週18時間勤務で月額賃金８万８０００円を超えるケースや、逆に時給が低く週24時間勤務でも月額賃金８万８０００円に満たないケースは対象外です。

④の雇用期間は「２カ月以上」と以前より短くなり、条件が緩和されました。

⑤の社会保険が適用される企業の社員数も「５０１人以上」から「１０１人以上」と変更され、２０２４年10月からは社員が「51人以上」となります。ただし、社員数は原則「社会保険に加入しているフルタイムの社員数」で判断されるので注意しましょう。

「１０６万円の壁」といっても、数字に意味はありません。あくまでも勤務先との勤務時間や賃金等の契約内容が問われます。基準の月８万８０００円を年収換算すると約１０６万円になるため、「１０６万円の壁」と称されます。

パート先で「社会保険」に加入する5つの条件

①

週の労働時間が20時間以上

②

月額賃金が8万8000円以上

③

学生ではない

④

２カ月以上の雇用見込み

⑤

「101人以上」の会社に勤めている

「すべて」に該当した人だけが
社会保険に加入できます

「106万円の壁」

よくあるQ&A

Q 「交通費」って、収入に含まれるの？

A 「勤務時間×時給」で計算した金額で判断

年収106万円（月額8万8000円）の基準に交通費は含まれません。契約上の賃金のみがカウントされます。勤務先と契約した「勤務時間×時給」で月８万8000円以上になるかどうかが見極めるポイントになります。したがって、交通費の他にも契約上の賃金以外となる残業代、各種手当、賞与・副業収入などの収入は月額8万8000円の基準にカウントされません。

「106万円の壁」と「130万円の壁」で含まれる収入は違うことに注意！

130万円の壁

- 家族手当
- 交通費
- 時間外手当
- 休日手当
- 賞与
- インセンティブ
- 不動産収入など
- 配当収入
- 副業収入
- 老齢年金
- 障害年金
- 傷病手当金
- 失業給付
- 給付型奨学金など

106万円の壁

- 基本給
- 地域手当
- 資格手当など

※夫が所属する健康保険組合の判断による

Q 年収106万円以内なら大丈夫?

A 年間の金額では判断しません

年収は関係ありません。極端な話、結果として年収が106万円以上だったり、たまたま休日出勤が多くある月だけ10万円以上稼いだりした場合でも、「106万円の壁」を越えたことにはなりません。勤務先との契約が原則の判断基準だからです。

Q いつの時点で社会保険に加入になるの?

A 勤務先の契約や条件で変わってきます

1年働いて収入が106万円を超えたら社会保険に加入……ではありません。「106万円の壁」は契約上の問題で、勤務先との契約内容がP.57の5条件を満たしていたら、その時点で社会保険に加入となります。ただし、契約と実態にズレがある場合は実態が優先されます。

Q ダブルワークの場合、月8万8000円を超えたらどうなるの?

A 1社あたりの月収が基準になる

基準は1社単位です。例えば「106万円の壁」がある2社でそれぞれ月6万円の収入がある場合、どちらも8.8万円未満のため社会保険に加入できません。ただし、2社の収入を合算すると144万円になるため、「130万円の壁」は越えることになります。

Q 会社で働く人数ってどう判断するの?

A 直営店とFC店舗で違いがある

「社員51人以上」(2024年10月〜)といっても、事業所単位で判断するため、勤務先が直営店やFC店舗などの場合は違いがあります。直営店は本部企業の経営なので、会社全体での社員数を指し、オーナー経営のFC店舗はオーナー店で働く社員数で判断されることが多いです。

ヒント 21

「１０６万円の壁」を越えたらどうなる？

「１０６万円の壁」を越えた場合、妻は勤務先によっては社会保険に加入することになります。その場合、夫の社会保険の扶養からは外れます。そして、**妻の収入に応じて、社会保険料や税金がかかるようになります。**

例えば、年収１０７万円のケースだと年間の負担額は16万円以上に。壁を越えたので、社会保険料の支払いが発生し、手取りは89万円ほどに減り、「働き損」な状況になります。

しかし、社会保険に加入することはマイナスばかりではなく、プラスの面もあります。毎月の社会保険料を勤務先に半分負担してもらいつつ、**健康保険と厚生年金の恩恵を受けられるのが一番の利点です。**

健康保険は傷病手当金の制度があり、病気やケガで仕事を休んだ場合に手厚い保障を受けられます。厚生年金は将来受け取る年金額が増えて、万が一の際の遺族年金や障害年金も同様です。

国民健康保険・国民年金と比べて保障内容が格段に充実するのです。

目先の損得だけで考えると、壁を越えるのをためらうかもしれません。でも、１０６万円の壁の場合、いざというときや長い目で見て、保障の上乗せを得られます。保障を増やしたうえで、手取りを減らさないですむボーダーラインを計算してみるのもよいでしょう。

「106万円の壁」を越えたときの手取りはいくらになるか？

4つのケース

「106万円の壁」を越えなければ、社会保険料の負担は発生しない。壁を越えることで社会保険料や税金の負担が加わり、手取りを目減りさせる。働き損を防ぐには、手取りがプラスとなるライン（④）まで働く時間を長くして、収入を増やしていく必要がある。

「１３０万円の壁」ここがポイント①

ヒント 22

条件にある金額の数字をうのみにしない！

「１３０万円の壁」は、夫の社会保険の扶養でいられるかどうかの壁です。この壁を越えなければ、妻は保険料の負担なく夫の健康保険に加入でき、国民年金の３号被保険者になれます（Ｐ55）。左ページでは収入などの３つの条件を紹介しています。

①は夫が低年収のケースで警戒が必要です。例えば、夫の年収が２３０万円で妻が年収１２０万円だった場合。夫の年収の半分（１１５万円）未満の条件に該当しないため、１３０万円未満でも扶養から外れます。夫が非正規社員だと、気をつけたいケースでしょう。

②の「10万８３３４円未満」は、１３０万円を12カ月で割った月収の目安です（※）。「１カ月」でもオーバーしたらダメなのかなどの判断は健康保険の組合によって異なります。

③は扶養になれる親族の範囲で、３親等以内の親族と定められています。

社会保険の適用拡大で、２０２４年10月から社員51人以上が働く会社も「１０６万円の壁の対象」と述べました。

しかし、日本企業の約96％が社員50人未満です（令和3年、総務省・経済産業省調査）。現段階では「１０６万円の壁」より、「１３０万円の壁」を意識しなければならないことに留意しましょう。

（※）妻が60歳以上、または障害者の場合は年収180万円未満になります

「130万円の壁」扶養内でいられる3つのルール

①

夫の年収１/２未満

②

月収が10万8334円未満

③

一定の親族

被扶養者として認められる親族の範囲

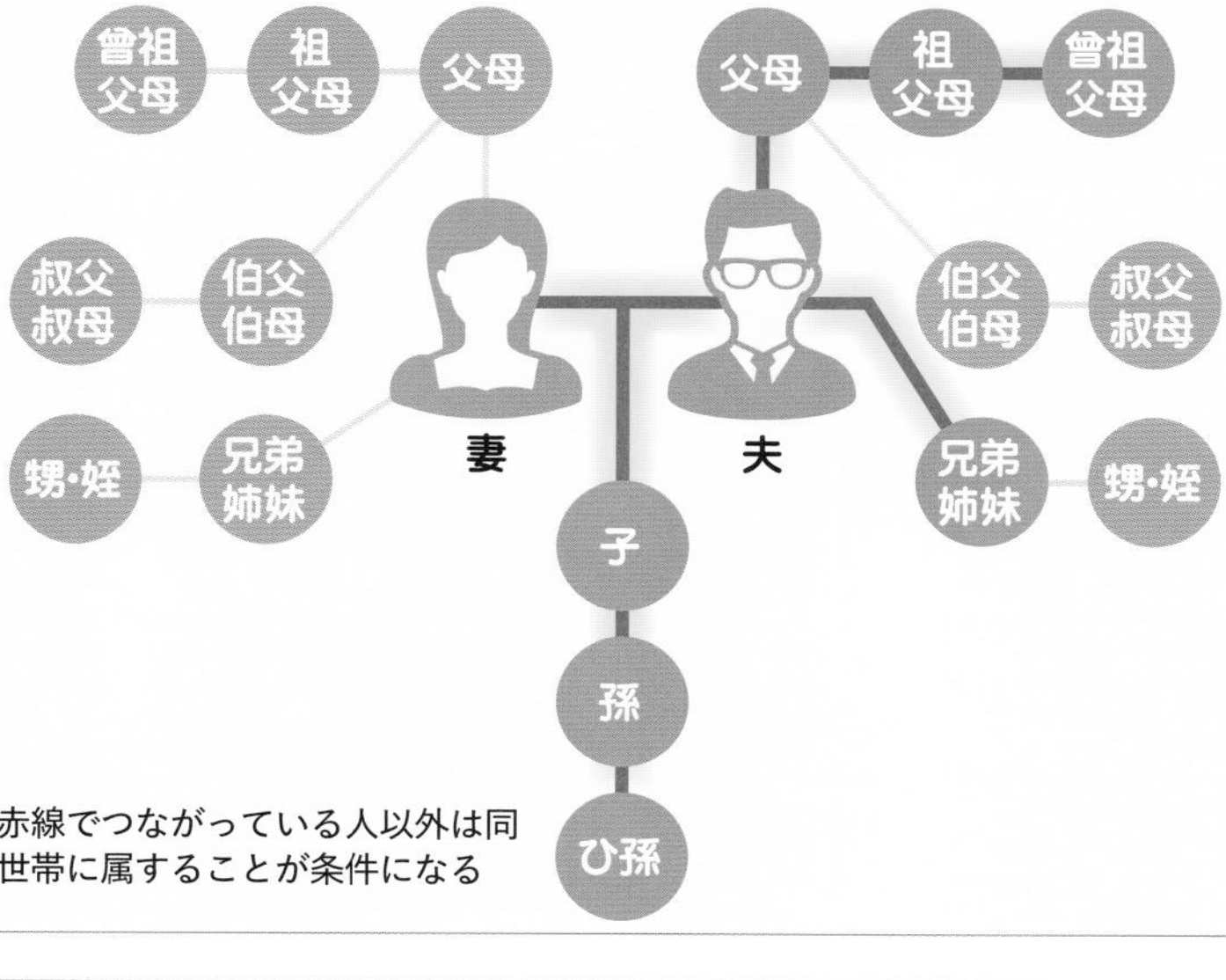

※赤線でつながっている人以外は同一世帯に属することが条件になる

04

Nanakoのマネーコラム

夫が「妻の扶養」に入ろうとすると断られる？

いわゆる「130万円の壁」のルールは P62にある通り、夫の年収の２分の１未満、妻の年間の収入が130万円未満で、一定の範囲内の親族となっています。これは夫婦の立場が逆でもルールに違いはありません。

会社員の妻が仕事を辞めて無収入になった場合、扶養認定のタイミングなどに差はあっても、条件を満たしてさえいれば扶養に入る理由などを細かく聞かれることはほぼありません。

ところが、これが夫になると途端に厳しく見られるケースがありました。

例えば、会社員の夫が資格取得を目指すために会社を辞め、学業に専念することになった夫婦の例です。

会社員として働く妻の扶養に入ろうと申請したところ、妻は会社から「どうしてあなたが夫を扶養するの？」「アルバイトくらいするんじゃないの？」「夫の貯金を生活にあてるなら、生計を維持するのはあなたではないのでは？」など、何度も何度も理由を尋ねられ、一度は上司に断られたそうです。

夫はすでに会社を退職しており、すぐに扶養に入れないようなら国民年金などの手続きをしないと「無保険状態」になってしまう心配がありました。

結局、健康保険組合に直接問い合わせ、要件を満たしていることを何度も説明して、ようやく扶養に入れることになりました。

制度に男女は関係なくても、このように「男性が女性の扶養に入る」だけで疑われることもあります。

働き方が多様化したためさまざまなケースがあるはずですが、自分が「一般的なケース」でないときは、前もって必要書類や要件などを自分の会社に確認しておくのが安全かもしれません。

「130万円の壁」よくあるQ&A

Q 「130万円」の収入に含まれるものは何？

A 残業代や交通費も収入に加算される

106万円の壁の場合、契約上の賃金以外は収入に含まれなかったのに対し、130万円の壁では継続的に入ってくるお金はほとんど含まれます。残業代、各種手当、賞与やインセンティブ、交通費、投資や副業、年金、失業給付などが収入にカウントされます。賃金以外にも収入が多い人は壁を越えやすいと言えるでしょう。

「106万円の壁」と「130万円の壁」で含まれるものは違うことに注意！

130万円の壁

- 家族手当
- 交通費
- 時間外手当
- 休日手当
- 賞与
- インセンティブ
- 不動産収入など
- 配当収入
- 副業収入
- 老齢年金
- 障害年金
- 傷病手当金
- 失業給付
- 給付型奨学金など

106万円の壁

- 基本給
- 地域手当
- 資格手当など

※夫が所属する健康保険組合の判断による

Q 妻がフリーランスの場合はどう判断される？

A 夫の健康保険組合の判断基準による

フリーランスの場合、130万円未満の線引きをどこで行うかを見極める必要があります。フリーランスの売り上げ構成は下図のようになっています。例えば、売り上げから経費を差し引いた金額が130万円未満なら扶養内とするなど、健康保険の組合によって判断はさまざまです。夫経由で健康保険組合に確認してもらうのが最善策でしょう。

フリーランス（事業所得）の扶養判定基準はさまざま

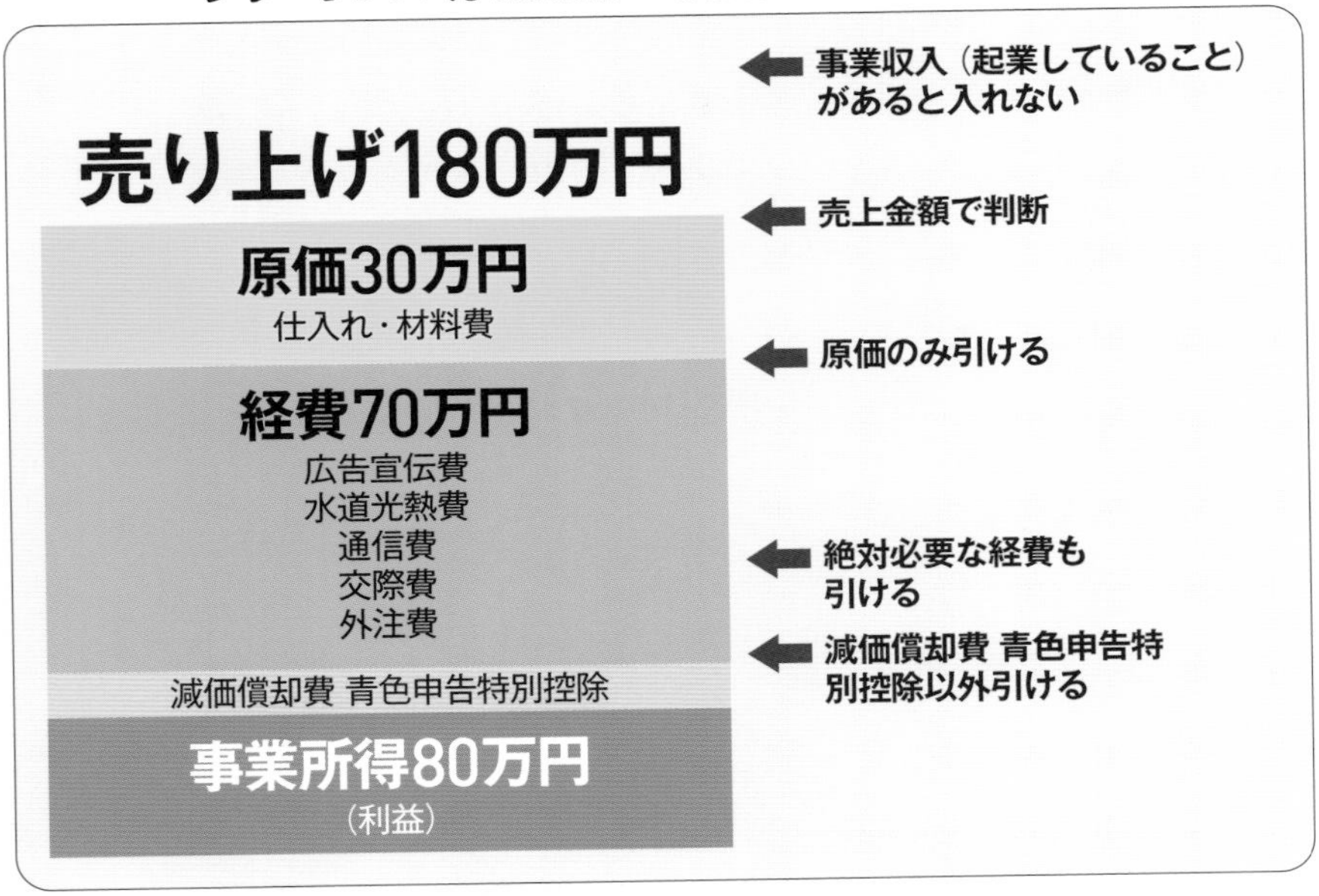

Q NISAの利益は収入に反映される？

A 売却益と配当益で異なるケースも

少額投資非課税制度のNISAを利用して株式や投資信託などに投資した場合、その利益が130万円の収入に含まれるかどうかは売却益と配当金で異なります。継続して入ってくるかで判断され、売却益は含まず、配当金は含むことが多いです。

Q 年金受給者はどうなる？

A 年収180万円未満と収入条件が広がる

60歳以上の年金受給者の妻が夫の社会保険の扶養に入る場合は、年収180万円未満を条件とします。年金の他に多少の収入があっても扶養内でいられるでしょう。ただし、健康保険の資格を喪失する75歳以上は対象外となります。

Q 失業したけどすぐ扶養に入れる？

A 失業手当でもらうお金次第で決まる

失業すると雇用保険から、失業手当が支給されます。失業手当は収入に含まれるため、その金額が年収130万円（日額3,612円）以上だと扶養には入れません（※）。ただし、給付が始まるまでの待期期間（無収入）は扶養に入ることができます。

（※）60歳以上、または障害者は日額5000円

「130万円の壁」扶養のカン違いで損する人5つの注意点

1 「年収130万円未満」ならOKではない

基準は１年間の収入の結果ではありません。扶養申請時点から将来に向けた「見込み」の収入です。ただし未来は予測できないため、130万円を12カ月で割った「月10万8334円未満」で判断されます。１カ月でも上記の額を超えたらダメという例は少なく、「３カ月連続」や「３カ月平均」と規定する健康保険組合が多いです。

「３カ月連続」「３カ月平均」で超えたら扶養認定されなくなる可能性がある

例1 10月から月12万円のパートで働き出したケース

例2 ３カ月間だけ月20万円のペースで働いたケース

例に挙げたのは「扶養外れ」のケース。「例１」は12万円×３カ月＝年収36万円と考えがちだが、12万円×12カ月＝144万円と判断される。「例２」も20万円×３カ月＝年収60万円ではなく、20万円×12カ月＝240万円と判断される。

2 「手取り額が超えていないからOK」ではない

月10万8334円未満とする収入は手取りではなく「額面」の金額での判断です。毎月の給料からは税金や社会保険料などが差し引かれます。実際に受け取る手取りの金額をボーダーラインと捉えがちですが、それは間違い。額面の金額がいくらかを意識するのが正しいです。

3 「給料を見ればOK」ではない

収入としてカウントされるのは勤務先の給料だけではありません。交通費や各種手当も収入に含まれます。ダブルワークであれば、2社分の給与を合算して計算されます。さらに投資の利益も収入に含まれるケースがあります。目の前の給料だけではなく、すべての収入に目を向けましょう。

4 「月10万8334円未満ならOK」ではない

月の収入基準を下回れば、誰でも扶養に入れるというわけではありません。先に説明したとおり、夫の年収の2分の１を超えていると扶養を認められないケースがあります。また、妻の勤務先に「106万円の壁」があった場合には、妻自身が職場で社会保険に加入することになり、夫の社会保険の扶養から外れることになります。

5 「扶養を外れたらパート先で社会保険に入れる」わけではない

「130万円の壁」を越えて夫の社会保険の扶養から外れた場合、勤務先の社会保険に入れると思っている人は多いです。実際は、「106万円の壁」のある会社でなければ、国民健康保険・国民年金の保険料負担を負うことになります。

ヒント 23

「130万円の壁」を越えたらどうなる？

収入が**「130万円の壁」**を越えた場合、夫**の社会保険の扶養ではいられなくなります。**

勤務先に「106万円の壁」が適用されていない場合、年収が130万円を超えただけでは社会保険には加入はできません。

妻自身で国民健康保険・国民年金に加入する必要が生じます。自分で保険料を負担するわりには、「健康保険・厚生年金」に比べて、保障が薄い状況になります。

このケースで社会保険への加入を望む場合は、「1週間の所定労働時間および1カ月間の所定労働日数が、正社員の4分の3以上であること」が、必要条件とされています。

ここまで第2章では、税金と社会保険の扶養に分けて、それぞれの年収の壁における実態や条件を説明してきました。

「103万円の壁」に代表される「税金の扶養」は、同じ年の1～12月までの給与収入の「結果」で判断されます。

それに対して、「社会保険の扶養」の「106万円の壁」は会社との賃金などの「契約」で判断され、さらに、「130万円の壁」は扶養の申請から将来に向けた収入の「見込み」で判断されるのです。

このように、判断基準に違いがあることを念頭に入れておきましょう。

Chapter 2

ヒント24

扶養手当

夫の会社から「手当の返還」を求められるケースに注意！

扶養手当は、実施の有無や金額、支給の条件などが会社によって異なります。

妻の所得制限は夫の勤め先の年末調整時に判断されることが多いです。その際、注意したいことがあります。**所得制限の額をオーバーし、手当の「対象外」と判明した場合、時間を遡って手当金の返還を命ずる旨を就業規則に規定している会社があるからです。**仮にオーバー期間が1年、扶養手当が1万円だとしたら、12万円を会社に返還しなければならないのです（130万円などその他の収入制限の規定でも同様）。

扶養手当の対象外となったら、夫の勤務先に届け出る必要があります。

家族手当について就業規則に記載されている例

（家族手当）
第14条　家族手当は次の家族を扶養する従業員に支給する。この場合の扶養とは健康保険法上の被扶養者を意味する。

（1）配偶者：月額１万円
（2）18歳未満の子１人につき：月額４千円

2　家族手当は、従業員が扶養家族をもった月から支給を開始し、扶養家族がいなくなった月まで支給する。

3　従業員は、扶養家族に変更があった場合は、遅滞なく会社に届け出なければならない。

4　前項の届け出が遅れた場合、虚偽の申告をした場合は会社は家族手当を支給しない。

5　家族手当の支給事由が消滅した場合でも、受給していた場合は、会社は過去２年間に遡って返還を命じる。

05

Nanakoのマネーコラム

意外と知らない？「雇用保険」でもらえる給付

雇用保険は、社会保険制度のひとつです。加入していると失業したときに給付金をもらえるのは知られていますが、ほかにも多くの場面で給付を受けられます。

例えば「育児休業給付」は、育休中の収入減をカバーし、職場復帰をしやすくするための給付金です（原則、子どもが１歳まで支給）。

また、「介護休業給付」は、家族の介護で休業したときの生活を支えるための給付金です。一人当たり最長３カ月、給料の67％が支給されます。それ以外にも、資格取得やキャリアアップのための学びの費用として「教育訓練給付」も受け取れます。ほかにも失業保険から支払われる給付制度は多数あります。

雇用保険の加入条件は、週の労働時間が20時間以上、かつ31日以上の雇用見込みがあることです。給料から引かれる保険料は少ないため忘れがちですが、受け取るときの雇用保険の価値は大きいものです。

雇用保険で得られる「給付」はたくさんある

- **基本手当**（失業給付金）**がもらえる**
- **育児休業給付がもらえる**
- **介護休業給付がもらえる**
- **教育訓練給付がもらえる**
- **高年齢雇用継続基本給付金がもらえる**

雇用保険の加入対象　１週間20時間以上、31日以上雇用見込み

第3章

Chapter 3

チャートとチェックポイントで
あなたの未来がわかる！

迷ってる人の悩みが解決！
「扶養を外れる人」はどんなタイプか

ヒント 25

「扶養を外れるか否か」妻が持つべき視点とは

今は夫の扶養内で働きながらも、今後は扶養を外れることを考えている人もいることでしょう。扶養を外れるとき、不安や迷いを解消するために「妻自身」が考えるべきポイントがあります。

最初のポイントは、「自分はいくら収入が必要なのか」です。所得税は１０３万円から、社会保険料は１３０万円（会社の規模によっては１０６万円）から負担が始まります。

仮に必要な収入が１３０万円を大きく超えるなら、そもそも扶養内ではいられません。家計、教育費や老後資金などのライフプランを踏まえ、必要な収入額の数字を明らかにすることがスタート地点になります。

次に**扶養を外れたときに、社会保障や年金がどうなるかを考えてみてください。**

勤務先に「１０６万円の壁」があれば社会保険に加入できます。保険料の自己負担は半分で、健康保険の保障、厚生年金による年金上乗せを享受できます。社会保険に入れないと、国民健康保険・国民年金に加入し、保険料は全額自己負担で保障も年金も扶養内のときと変わりません。

最後は、**生活の変化や自分の気持ちに向き合いましょう。**働く時間が増えたら子どもとの時間が減るかもしれません。それよりも、働く時間を増やして「子どもの大学の費用を稼ぎたい」などと思えるかどうかです。

扶養を外れる？ 扶養内をキープ？ 迷ったときのポイント

- □ いくら収入が必要か？
- □ 扶養を外れた後の公的保険はどうなるか？
- □ 保険料を払って増える保障は何か？
- □ 老後の年金はどれくらい増えるか？
- □ 夫にどんな影響があるのか？
- □ 勤務時間を増やすとできなくなることはあるか？
- □ 勤務時間を増やすことに対して自分自身の気持ちはどうか？

「今の収入」以外の視点も
大切に！

ヒント 26

扶養を外れるときに夫と話すべきこと

前ページでは扶養を外れる妻自身に与える影響について述べましたが、**夫への影響も考える必要があります。**扶養を外れた場合、夫に何らかの影響が生じるのは避けられないことだからです。ポイントを解説します。

まずは夫の「税金」です。負担増を心配しがちですが、影響はさほど大きくはありません。**妻の年収が150万円までは夫は控除を受けられ、**以降、段階的に控除額が減るものの約201万円までは税制優遇の範囲内です。夫の税金が多少増えても、妻の収入が増えて、「世帯収入」がトータルで増えれば問題ないでしょう。

次は、**夫の会社から支給される「扶養手当」です。**この制度がある会社では扶養家族のいる従業員に扶養手当が支給されます。しかし、妻が扶養を外れれば、その手当もなくなってしまうため、夫の手取りに影響が出ます。

最後は**「夫の気持ち」の確認です。**扶養を外れることを夫はどう考えているのか、もし、妻の働きを増やすことに抵抗があるなら、理由は何かを聞いてみましょう。夫の言いなりになる必要はないですが、家族の問題として話し合いの機会を持つのは大事なことだと思います。

何もせずに扶養を外れ、「こんなはずではなかった……」となっても、後悔先に立たずです。迷いを解消してから前に進みましょう。

扶養外れで「夫への影響」を考えるときの３つのポイント

01
夫の税金はどれくらい増えるか？

➡完全に扶養を外れた場合の試算をしましょう

02
扶養手当が減らないか？

➡妻が扶養内にいることで手当が出るのか、手当がいくらかを確認しましょう

03
夫は扶養を外れることをどう考えているのか？

➡夫の考えや理由を聞いてみましょう

お互い感謝を忘れず、
丁寧に話し合いましょう

ヒント27

「生き方」「世帯年収」扶養だけに縛られない働き方もある

扶養の範囲内で働くことがもっとも賢いと考えがちですが、誰もがそうとは限りません。扶養を気にせず、壁を越えて働いたほうがいい人もいます。それはどんな人でしょうか。

本当は働きたいし、働く時間も確保できる人なら、それを制限する必要はないでしょう。世の中の損得勘定に合わせて自分の本心にフタをする必要はありません。こういう方は、扶養など気にせずどんどん働くべきだと思います。

また、夫の収入だけでは家計が成り立たないのであれば、扶養の壁を越えて稼ぐしかありません。もちろんお金以外のやりがいなどで働くことを望む人もいるはずです。

一方で、**夫の退職が近ければ退職と同時に妻も扶養から外れます。**夫に万が一のことがあったときや、離婚する際も扶養を外れます。いつまでも扶養してもらえると思って、自分で稼ぐ術を持たないのは危険かもしれません。

そのほか、**勤務先で社会保険に加入できたり、手厚い保障や老後の年金を増やしたい人は、扶養を気にせずに働くことが賢明**です。

どんな働き方を選択するかは個人の自由です。さまざまな事情があって、働けない人のために扶養の制度は必要ですが、それを窮屈に感じるなら扶養を気にせず、扶養の壁を越えて働けばいい。私はそう考えています。

扶養の範囲を気にせず働いてもいい人の特徴

- 働く気持ちも時間もある人
- 扶養の範囲で収まる金額以上に
お金が必要な人
- 働く理由がお金ではない人
- 養ってくれる人がいない人
（いなくなる予定がある人）
- 夫の年収が高い人、低い人（税金の扶養）
- パート先で社会保険に入れる人
- 手厚い保障や老後の年金を
増やしたい人

今の状況がずっと続くわけでは
ないことも忘れずに

ヒント28

「扶養の壁」を越えると手取りはどうなる？ 7つのパターンで検証

税金の扶養は「103万円、150万円、210万円の壁」があり、社会保険の扶養は「106万円、130万円の壁」があることを説明しました（P37）。

では、これら扶養の壁を越えたとき、社会保険料や税金の金額、手取りはいくらになるのでしょうか？

妻だけではなく世帯の手取りの一例をシミュレーションしてみます。

会社員の夫・年収500万円、パートの妻・年収103万円が基本のモデルとします。

そこから妻の働き方で増える収入に対し、社会保険料や税金、手取りの金額がどう変わるかをパターンごとに紹介します。基本設定と比較した世帯の手取り、夫への影響も踏まえます。

扶養内のケース、扶養を外れて社会保険に加入できるケース、外れても国民健康保険・国民年金の加入になるケースと、それぞれの差は数字で一目瞭然です。

パート先に「106万円の壁」があって社会保険に加入し、収入が130万円を超えると手取りは増えやすくなり、公的保障も年金も充実することがわかると思います。また、夫の税金負担が大きくないことも読み取れるでしょう。

ただし、これらはあくまでもシミュレーションなので、各家庭でケースは異なります。

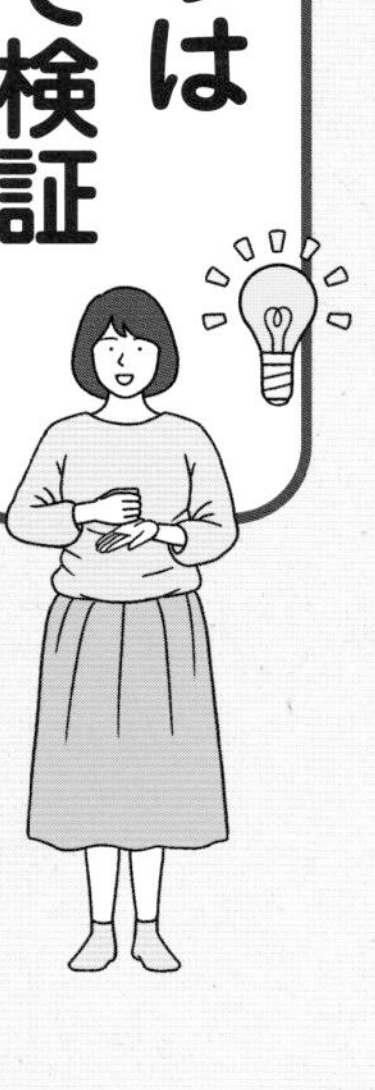

「扶養の壁」を越えたときの手取り額シミュレーション 1.2

今の働き方（前提）

103万円 扶養
手取り
約102万円

500万円
手取り
約380万円

夫＝会社員・年収500万円（手取り約380万円）、妻＝パート・年収103万円（手取り約102万円）の前提。

CASE 1

105万円 扶養
手取り
103万8000円

変化なし

世帯収入＋1万8000円

「103万円の壁」を越えて105万円稼ぐと、妻に所得税が年間1000円、住民税が約１万1000円かかる。夫の社会保険・税金への影響はなし。手取りは103万8000円となり、基本設定との比較(以下同)で１万8000円の収入増に。

CASE 2

108万円 社会保険
手取り
91万5000円

変化なし

世帯収入－10万5000円

妻のパート先に「106万円の壁」があり、月に９万円を稼いで社会保険に加入する。年間約16万円の社会保険料負担により、手取りは約91万円に。比較はマイナスだが、公的な保障が手厚くなり、将来の年金も増える。

「扶養の壁」を越えたときの手取り額シミュレーション 3、4

今の働き方（前提）

103万円 扶養
手取り
約102万円

500万円
手取り
約380万円

夫＝会社員・年収500万円（手取り約380万円）、妻＝パート・年収103万円（手取り約102万円）の前提。

CASE 3

128万円 扶養
手取り
122万8000円

変化なし

世帯収入＋20万8000円

妻のパート先に「106万円の壁」がなく、夫の社会保険の扶養のまま128万円の収入で働く。手取りは約123万円となり、比較すると＋20万8000円に。「106万円の壁」がない職場では無難な働き方と言える。

CASE 4

132万円 国民健康保険・国民年金
手取り
99万6000円

変化なし

世帯収入－2万4000円

「130万円の壁」を越えて扶養から外れ、国民健康保険・国民年金に加入する。自己負担額は計30万円余り。税金の支払いも発生し、手取りは約99万円に。国民健康保険・国民年金の負担が重く、手取りは-２万4000円に。

「扶養の壁」を越えたときの手取り額シミュレーション 5.6.7

今の働き方（前提）

103万円 扶養
手取り
約102万円

500万円
手取り
約380万円

夫＝会社員・年収500万円（手取り約380万円）、妻＝パート・年収103万円（手取り約102万円）の前提。

CASE 6

160万円 社会保険
手取り
129万4000円

9100円増税

世帯収入＋26万5000円

収入が160万円となり、「150万円の壁」の税金の扶養から外れて一部扶養になる。夫の税金は年9100円増加。しかし妻の収入アップにより、比較は＋約27万円に。税金の扶養を外れる影響はそれほど大きくないことがわかる。

CASE 7

210万円 社会保険
手取り
167万円

7万2000円増税

世帯収入＋57万8000円

収入が210万円となり、「201万円の壁」を越えて税金の扶養からも完全に外れる。夫の税金は年約７万円増加。ただ、妻のさらなる収入アップにより、世帯収入は＋60万円近く増額に。税負担を大きく上回る収入増で家計は潤う。

CASE 5

132万円 社会保険
手取り
約109万円

変化なし

世帯収入＋7万円

ケース４と収入は同じながら、パート先に「106万円の壁」があって社会保険に加入。保険料の半分を会社側に負担してもらい、手取りは約109万円に。ケース４より手取りが約9万円増加し、公的な保障と将来の年金も上乗せされる。

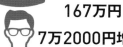

ヒント29

いくら稼ぐと扶養を外れても得するのか？

前編（社会保険に加入する2つのパターン）

扶養を外れたときの一番の心配は「手取りが減ること」です。**社会保険や税金の支払いでの「働き損」を避けるために、自身の損益分岐点を把握しましょう。**

神奈川県横浜市在住で、扶養内のパート、年収１２９万円（手取りは約１２４万円）の女性を基本モデルとし、４つのケースで見極めます。まずは社会保険に加入する2つのパターンから。

ひとつ目は（P85上図）パート先に「１０６万円の壁」ができて健康保険と厚生年金に加入し、年収は扶養内と変わらず「１２９万円」だったケースです。

約22万円の社会保険料の支払いにより手取り額は約17万円減ります。ただしその分、手厚い公的な保障と、年金が上乗せされます。目先の手取りは減るものの、傷病手当金などの保障も受けられ、15年間の厚生年金加入で、老後の年金が年間約10万８０００円増える計算です。

そして２つ目（P85上図）は、同じく健康保険と厚生年金に加入して「１５３万円」まで収入を増やしたケースです。

社会保険料は給料に比例して上がりますが、１５３万円まで稼ぐと、扶養内のときとほぼ同じ手取りに。手取りがプラスに転じるのに加え、先の例と同じく手厚い公的保障と老後の年金が上乗せ（年間約12万円増加の試算）されます。

いくら稼ぐと扶養を外れても得するか？

129万円　社会保険加入

収入129万円で社会保険に加入したケース

年収	1,290,000円
雇用保険	7740円
厚生年金	120,780円
健康保険	76,692円
所得税	2700円
住民税	12,800円
（控除合計	220,712円）
手取り	1,069,288円

基準-167,572円＋上乗せ保障あり

153万円　社会保険加入

収入153万円で社会保険に加入したケース

年収	1,530,000円
雇用保険	9180円
厚生年金	138,348円
健康保険	87,840円
所得税	13,400円
住民税	33,800円
（控除合計	282,568円）
手取り	1,247,432円

基準+10,572円＋上乗せ保障あり

ヒント30

いくら稼ぐと扶養を外れても得するのか？ 後編（国民健康保険に加入する2つのパターン）

次は国民健康保険・国民年金に加入する2つのパターンになります。地域によって金額が大きく違うため、紹介するのはあくまで一例です。

ひとつ目（P87上図）は収入を「132万円」に増やしたケースで、夫の社会保険の扶養は外れます。

国民健康保険・国民年金に自ら加入することになると、年間で30万円以上支払いが発生します。そのため、手取りは約24万円減ります。そして、**公的な保障も将来の年金も増えません。**

別のパターン（P87上図）としては、同じく国民健康保険・国民年金に加入し、「168万円」まで収入を増やしたケース。国民健康保険・国民年金の負担は年間約37万円増えますが、168万円まで稼ぐと、扶養内と同じ手取りに。ただ、先の例と同じく公的な保障や将来の年金は増えません。

以上、4つのケースを整理しましょう。

「社会保険に加入できる」場合は、153万円が損益分岐点の目安となり、そこから扶養内の手取りを上回っていきます。同時に公的な保障が手厚くなり、将来の年金も増えます。

一方、「国民健康保険・国民年金となる」場合は、168万円の収入が損益分岐点で、そこから扶養内の手取りを上回っていくものの、公的な保障や将来の年金の上乗せは望めません。

いくら稼ぐと扶養を外れても得するか?

132万円 国民健康保険・国民年金加入

収入132万円で国民健康保険・国民年金に加入したケース

年収 1,320,000円

雇用保険	7,920円
国民年金	203,760円
国民健康保険	104,090円
所得税	0円
住民税	7,300円
(控除合計	323,070円)
手取り	996,930円

基準-239,930円+上乗せ保障なし

168万円 国民健康保険・国民年金加入

収入168万円で国民健康保険・国民年金に加入したケース

年収 1,680,000円

雇用保険	10,080円
国民年金	203,760円
国民健康保険	166,950円
所得税	12,600円
住民税	32,100円
(控除合計	425,490円)
手取り	1,254,510円

基準+17,650円+上乗せ保障なし

Nanakoのマネーコラム

国民健康保険の保険料は住む地域で違いがある！

パート女性が扶養を外れて職場で社会保険に加入できない場合、国民健康保険（以下、国保）に加入することになります。

国保の保険料は社会保険に比べて高いイメージを持っている人が多いはずです。その金額はどうやって決まるのか。保障内容などとともに紹介します。

国保加入による主な給付は４つあります。病院の窓口での負担が最大３割ですむ「療養の給付」、医療費が高額になった場合に一定額を超えると払い戻しされる「高額療養費」、子どもを出産したときに受け取れる「出産育児一時金」、国保に加入していた人が亡くなったときの「埋葬料」です。

国保には「扶養」の概念がなく、社会保険に加入していないすべての人を対象とし、赤ちゃんでも保険料が発生します。また、国保の保険料は加入者ごとに保険料を計算し、世帯主が支払う仕組みです。

また、国保の保険料は市区町村ごとに異なります。保険料の計算方式が４つあり、自治体によって採用の方式に違いがあるからです。

計算方式は「所得割」「均等割」「平等割」「資産割」の４種類で、４つすべてを用いるのを「四方式」、資産割を除く３つを用いるのを「三方式」、所得割と均等割の２つを用いるのを「二方式」と呼びます。

例えば年収150万円の場合、広島市では年間で約12万6000円、神戸市では14万9000円と差があります。

国保の計算式は自治体のWEBサイトで公開されています。自身のケースは住まいのある自治体のHPをチェックしましょう。

国民健康保険の主な給付
1.病院の窓口負担が３割に
2.高額療養費が出る
3.出産育児一時金が出る
4.埋葬料がもらえる

国保は「市区町村」ごとに保険料が違う！
「通知は世帯主」に届く

保険料の計算方式は４つある

1 所得割＝所得に応じて保険料が決まる

2 均等割＝加入者１人あたりにかかる

3 平等割＝世帯ごとにかかる

4 資産割＝固定資産に対して市区町村が決める

ヒント31

年収180万円にした実例1

契約社員になり老後の不安が解消された！

夫の扶養に入って働いていたエミコさん。あるとき、長くパート勤めする会社から、契約社員登用の誘いを受けます。

「働く日を調整して家族の用事を済ませるなどしていたため、社員になるとそれができなくなるかもしれない不安が……」

そんな心配を抱えていたエミコさんでしたが、子どもが中学生になった頃、雇用契約を契約社員に切り替えます。

条件は月収15万円でボーナスはなし。社会保険加入による保険料と税金を差し引くと、手取り支給額は月収約12万円になります。

年間の手取りはパート時代と比較して約15万円増えたものの、月に約1万円のプラスなため、「思いのほか手取りが増えないなあ……」と感じたそうです。

そこで老後の年金を試算することに。給料は変わらず60歳まで厚生年金を18年支払い続けた場合、年金支給額は年間約17万円増えます。

「今の手取りがそれほど増えなくても、老後の年金が増えていくのは安心につながります」

その後、エミコさんは思わぬ恩恵にもあずかります。足の手術を受け数週間出勤できない中、**傷病手当金として約10万円の支給が！**

「扶養内パートだったら1円ももらえなかったので、あのときに決断して良かったです」

エミコさん(42歳)のストーリー

これまで

パートで働いていた

<契約社員登用の打診をされた>

転機

子どもが中学生になったのを機に契約社員へ(年収180万円)

エミコさん

年間手取り約145万円

C社

支払額	1,500,00円
雇用保険	900円
健康介護	8,715円
厚生年金	13,725円
所得税	2,050円
住民税	4,100円
(控除合計29,490円)	
手取り	120,510円

将来

老後の厚生年金支給額が年間約17万円アップ

ヒント32

年収180万円にした実例2

ダブルワークだから手取りは多めでありがたい！

「A社で120万円のパート収入があり、別にB社でも働いています。B社の収入は年間で60万円程度です」と、話すのはユカリさん。

「106万円の壁」があるA社で社会保険に加入し、合計の年収は180万円です。

A社の給料は月10万円で社会保険料が差し引かれ、B社の給料は月5万円で多少の税金が差し引かれます。あわせて年間の手取りは約154万円になります。

先のエミコさんと同じく年収180万円で社会保険に加入していますが、手取りはユカリさんのほうが約9万円も多い。その理由は社会保険料の「計算の元」になる給料が、A社だけだからです。**「106万円の壁」では収入を合算しないことをルール（P59参照）とするからです。**そのため、B社の給料がいくら増えても社会保険料は変わりません。

「じつは妊活中なのもあって、時間の調整がしやすいダブルワークを選んだんです」

今後、ユカリさんが出産を迎えて仕事を休んだ場合、**社会保険に加入していれば出産手当金をもらえます。**

「ただ、その金額を計算する際の元もA社の給料が基準になるため、出産手当金を多くするためには、A社の給料を増やしておいたほうがいいかなと考えています」

ユカリさん（32歳）のストーリー

これまで

A社で年収120万円（社会保険加入）のパートをしていた

転機

ダブルワークをすることを検討（B社で年収60万円）

ユカリさん

年間手取り約154万円

	A社		B社
支払額	100,000円	支払額	50,000円
雇用保険	600円	雇用保険	加入せず
健康介護	4,909円	健康介護	加入せず
厚生年金	8,967円	厚生年金	加入せず
所得税	0円	所得税	1,531円
住民税	5,000円	住民税	0円
（控除合計	19,476円）	（控除合計	1,531円）
手取り	**80,524円**	**手取り**	**48,469円**

将来

A社での収入が上がれば年金も増える

ヒント 33

年収180万円にした実例3

「１０６万円の壁」がないため手取りが少ない現状に

ミカさんは月10万円、年間１２０万円の扶養内で働くパートに就いています。**職場が小さな事務所なので「１０６万円の壁」がなく、社員の4分の3程度の日時を働かないと、社会保険には入ることができません。**

「今のパート先は勤務時間が決まっていて働く時間を増やせない。転職も考えたけれど、今の仕事に慣れているのと、いきなりフルタイムで働くのは不安で……」と、話します。

まずは収入を増やすために空いた時間に、別の会社で働くことにしたミカさん。月5万円、年間60万円程度の収入見込みですが、こちらも短時間のパートなので、社会保険には入れません。

合計年収は１８０万円ですが、国民健康保険と国民年金の自己負担が年間34万円以上にのぼるため、手取りは年約１３９万円。社会保険に加入できない分、自己負担が増えて手取りが減るケースです。

手元に残るお金が少ない現実を知って当初がっかりしていたミカさんでしたが、フルタイムの仕事に慣れつつある今、気持ちを切り替えて前を向いています。

「この経験をステップに、フルタイムで社会保険に加入できる会社に転職する予定です。ちょっと損した気分ですが、扶養を外れたら時間に捉われずにすむので、気が楽になりました」

ミカさん（38歳）のストーリー

これまで

C社で年収120万円の
扶養内パートで働く

転機

契約社員になるのは難しく
D社とパートをかけもち（D社で年収60万円）

ミカさん

年間手取り
約139万円

C社		D社	
支払額	100,000円	支払額	50,000円
雇用保険	600円	雇用保険	加入せず
健康介護	加入せず	健康介護	加入せず
厚生年金	加入せず	厚生年金	加入せず
所得税	720円	所得税	1,531円
住民税	3,500円	住民税	0円
（控除合計	4,820円）	（控除合計	1,531円）
手取り	**95,180円**	**手取り**	**48,469円**

国民年金保険　16,980円
国民健康保険料　11,550円
（別途支払い）

将来

社保に加入していないので
年金支給額は変わらず

07

Nanakoのマネーコラム

「傷病手当金」は業務外でのケガや病気をした場合でももらえる？

パート女性が社会保険に加入すると、健康保険を通じて「傷病手当金」の申請ができます。傷病手当金とは、病気やケガで休んだときに、生活保障の一環として「給付金を受け取れる」制度です。支給の条件や金額、申請方法、受給期間などを見ていきましょう。

まず支給の条件は、「業務外」の病気やケガであることを前提とします。業務に関係した病気やケガの場合、労災からの給付になるので適用されません。

加えて、働くことができず、給料を得られない状態でなければなりません。そのため、医者の証明書（療養担当者の意見書）を必要とします。以上の条件を満たし、会社を連続して３日間休んだときは、翌日の「４日目以降」が支給の対象になります。

支給金額は給料の３分の２とされ、支給される日の前年１年の平均「標準報酬月額」を30で割った数字に３分の２を掛けた金額が、１日あたりの支給額です。標準報酬月額は毎年４～６月の給料を基にしたベースの金額が決められています。

休職から入金までは、最低でも２カ月以上かかるのが通例です。給料を得ていないことを証明する必要があるため、直近の給料日を待ってから手続きを始めます。医者の意見書ももらい、パート先の健康保険に申請書を提出する流れです。

受給期間は通算１年６カ月です。休業中に退職した場合でも、会社に所属していたときに支給の対象となっていれば、残り期間も続けて受給できます。

ただし、１年以上勤続しているなど条件を設ける会社もあるため、退職する際は会社に確認するのが賢明です。

傷病手当金「いくら」「いつ」「どうやって」を解説！

01 業務外のケガや病気であること

ワンポイント　業務中のものは「労災」扱いになる

02 仕事に就けず給料が得られない

ワンポイント　「療養担当者の意見書」が必要

03 連続した休みの期間が必要

ワンポイント　3日間の待期期間がある

04 金額は給料の２／３

ワンポイント　毎年４～６月の給料が基準になる

$$\frac{\text{支給される日の前の1年の平均の標準報酬月額}}{30} \times \frac{2}{3} = \text{1日の支給額}$$

05 支給までの目安は約２カ月

ワンポイント　給料の締め日を待ってから手続きができる

06 受給できる期間は最長１年６カ月分

ワンポイント　退職後も残りの期間を受給できる場合も

ヒント 34

「私はどうすればいいの?」大切なのはたったひとつの視点

働き方にはいろいろな考え方があると思います。どうすべきか悩む人は多いでしょう。働き方に関する私の基本スタンスは、次の４つです。

- **「働き方に正解はない」**
- **「個人や家庭の事情で決めればいい」**
- **「外でお金を稼ぐ人だけが偉いわけではない」**
- **「事情があって働けない人は守られるべき」**

いろいろな働き方があってよく、どんな働き方を選ぶかは個人それぞれの自由です。「扶養の内・外」を問わず、個々の働き方は尊重されるべきだと考えています。

大切なのは、自分が何のために、どう働きたいのか。「自分の希望や目標」を定めることです。扶養内での労働を望むなら収入はいくらにすればいいか。扶養を外れるなら、いくら稼ぐのを目指すかなど、把握する必要があります。

一方で自分の希望だけではなく職場によって状況は変わるため、「１０６万円の壁」の有無など、会社の制度や環境も考慮する必要があります。そういった観点をもとに個人の働き方をナビゲートする簡易チャートを作成しました。

左ページで紹介するそのチャートの質問に答えていけば、「自分に合った働き方」に行き着く仕組みです。参考にしてください。

３つの質問に答えるだけで「ベストの働き方」がわかる

130万円稼げる（※手取りが106万円を切らない目安収入）

ほぼフルタイムで働ける

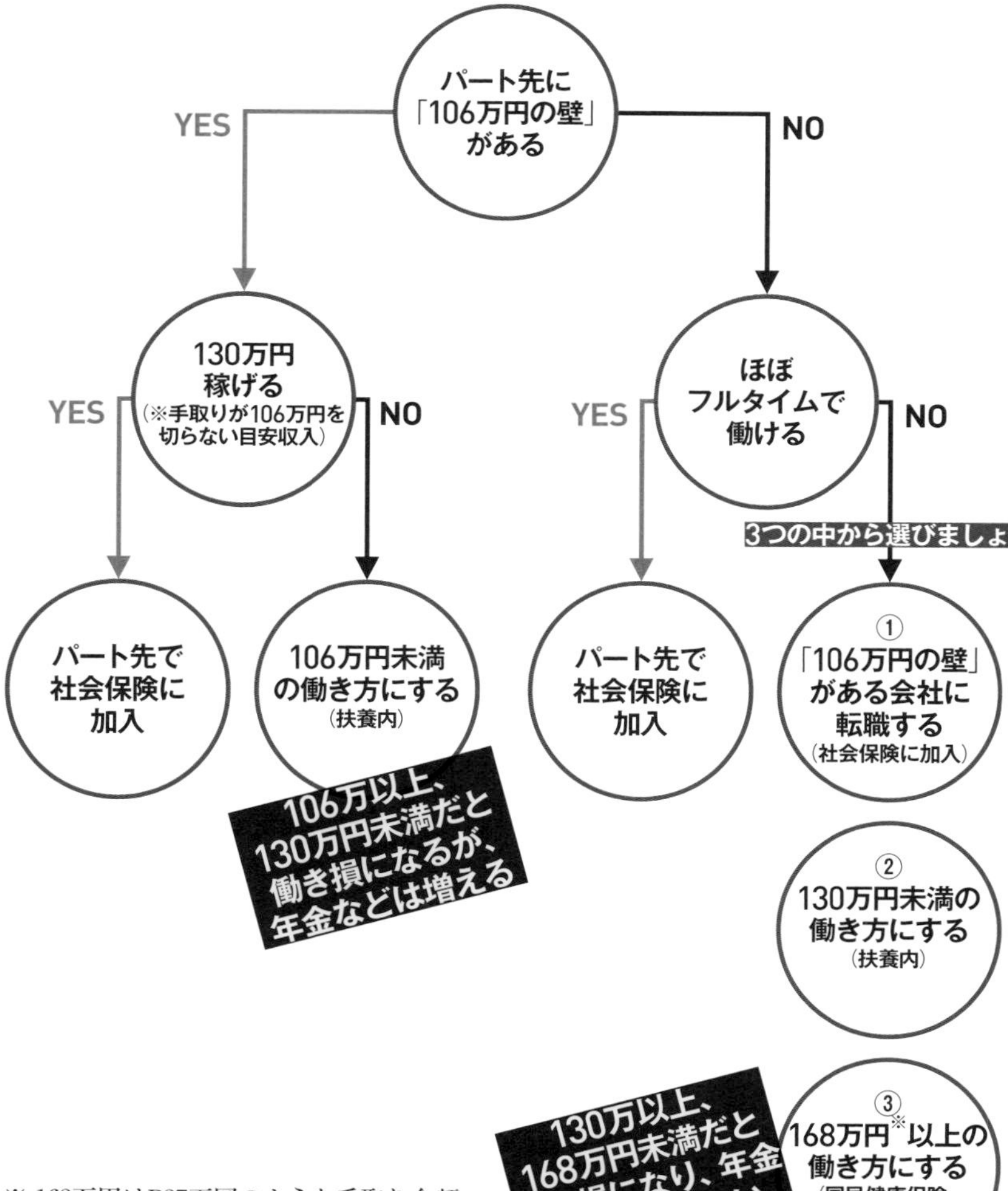
3つの中から選びましょう
③168万円※以上の働き方にする（国民健康保険・国民年金に加入）
130万以上、168万円未満だと働き損になり、年金なども増えない

※ 168万円はP87下図のような手取り金額イメージで、国民健康保険料は地域によって異なるのであくまで参考値となります

ヒント35

50代で知っておきたい扶養の話

50代の人は、「今さら扶養を外れても意味がないのでは……」と、思っている人は多いかもしれません。

結論から言えば、**社会保険に加入できるなら、50代からでも扶養を外れる価値は十分にあります。**大きな意味を持つポイントとその価値を見ていきましょう。

まず、**社会保険で病気やケガ、長生きした際のリスクに備えることができます。**50代ともなれば、一般的に病気やケガの確率は高まるもの。その際、健康保険の傷病手当金の制度により、一定の収入が保障されます。また老後の生活も、厚生年金によって上乗せされた年金が支えてくれます。

次に、「夫が年上で5歳以上の年齢差がある」場合です。盲点になっているのが、次のようなケースです。

例えば、夫が65歳で会社を退職したとします。年金生活が始まる夫に対し、その時点の妻の年齢は60歳未満だと、妻は夫の定年により扶養を外れて国民年金1号となります。そのため、加入義務のある60歳まで保険料を納める必要が出てきます。

現在、年金の納付額は年20万円余りですから、限られた収入の中での負担は重いです。そうなる前に社会保険に加入しておけば、夫の定年時

「50代で扶養を外れる」メリットはコレ！

①傷病手当金が出る

②年金で得する

③５歳以上歳上の夫がいても安心

④夫が早期退職しても自分の社会保険がある

⑤自分の親の介護資金を確保できる

⑥資金に余裕があれば子どもへの仕送りができる

も慌てなくてすむでしょう。

夫の60歳前の早期退職についても注意が必要です。夫が会社を辞めた時点で妻は扶養を外れ、夫婦とも60歳まで自分たち自身で国民年金の保険料を支払い続けなければならなくなるからです。

一方、50代は高齢の親の介護に直面し、金銭的な支援が求められることも起こりえるでしょう。その場合、扶養内で収まるような働き方にセーブしてはいられないはずです。扶養を外れて稼ぎ、自分の親を金銭的にサポートしたいと考える人もいるでしょう。

子どもに対しても同じです。子どもが大学生で学費や仕送りなどが必要であれば、扶養内での働き方にとどまらず、これまで以上に稼ごうと考える人も多いです。実際、子どものために扶養を外れて頑張るワーキングマザーの話をたくさん耳にしています。

08

Nanakoのマネーコラム

「配偶者手当」がなくなっていく社会の行方

配偶者がいる従業員に対して支給される「配偶者手当」が、多くの企業で見直され、減少傾向にあります。

企業によって「家族手当」「扶養手当」など呼び方はさまざまですが、収入の制限を設ける配偶者手当はパート女性の就業において働く時間の調整につながるとして、国も企業の動きを後押ししています。

配偶者手当に103万円や130万円の収入制限を設ける企業の場合、パート女性はその範囲内に働きを抑えようとします。そうしなければ夫の会社から「配偶者手当」がもらえなくなるからです。

こうした制度は共働きが増えた今の時代にはミスマッチで、女性の活躍を妨げることになりかねません。それが見直しや廃止を進める理由でもあり、今では手当の対象を「配偶者」から「子ども」へ切り換える会社もあります。今後、配偶者手当の完全撤廃で、女性の働く選択肢がより増える日が来るのはそう遠くないでしょう。

配偶者手当を支給する会社は減るいっぽう……

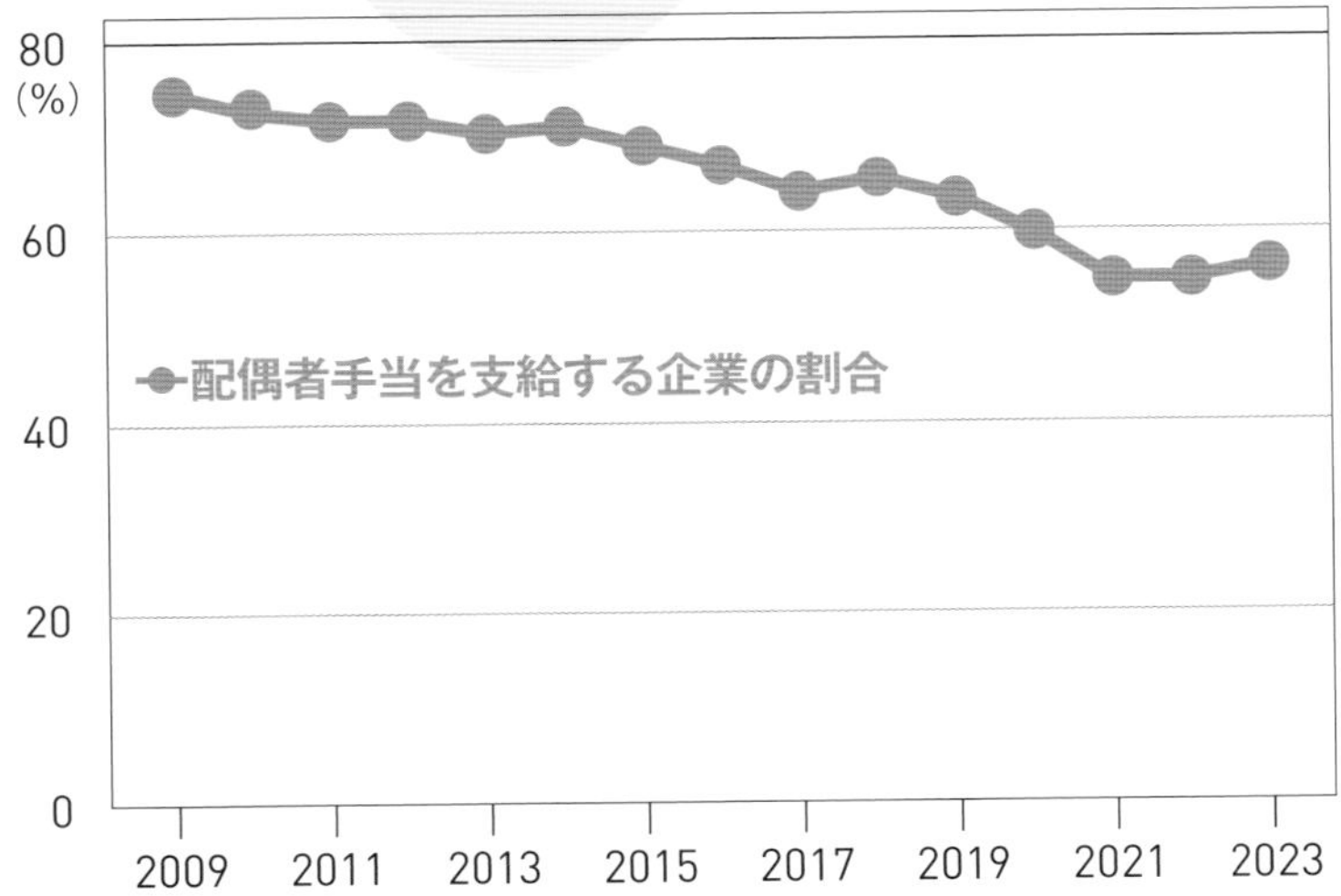

※ 出典：人事院「職種別民間給与実態調査の結果（令和5年）」より

Chapter
4

「扶養外れ」のメリットとデメリットをおさらい

お金も安心で働き方も自由に！扶養から飛び出したら起こること

ヒント36

扶養を外れると、働く人や企業側も選択肢が広がっていく

「扶養を外れるのは本当に得なんですか？」という質問をよく受けます。扶養内にいる人ほど扶養を外れたらどうなるか見えていないものですが、それは非常にもったいないことです。

何度も述べてきたとおり、**「社会保険に加入」できるのが、扶養を外れる最大のメリットと言えます。厚生年金を支払うことで老後の年金は上乗せされ、公的保障も手厚くなります。**

その保険料は自ら全部支払うのではなく、勤務先との折半です。会社に半分負担してもらいながら、先の年金や保障を手厚くできるのは嬉《うれ》しいことだと思います。企業側はコスト増になりますが、それでも働いてほしい人材だからこそ負担を受け入れるわけです。

一方、**気持ちの面では、就業調整をしなくてすむ気楽さが出てきます。**扶養内にいると年収の上限を気にして働く時間を調整せざるを得ませんが、扶養を外れたら自由です。また、扶養内の場合、仕事を制限されてチャンスに恵まれなかったりしますが、扶養外なら企業側もそうした機会を与えてくれるかもしれません。

そして、社会保険制度への参加や税金の負担により、「世の中の役に立っている」と感じられることも。何より、扶養を外れて収入が増えることは家族を支えている気持ちがより増して、それがやりがいにつながるかもしれません。

社会保険に加入すると受けられる５つのメリット

01 merit

厚生年金を受け取れる

02 merit

公的保障が手厚くなる

03 merit

保険料は会社と折半になる

04 merit

給料の上限を気にしないでよくなる

05 merit

社会保険制度の支え手としての誇りが持てる

「収入の上限を気にしなくていい」
のがポイント

ヒント37

社会保険に加入すれば「万が一」や「老後」の保障がアップ

扶養を外れて社会保険に加入することで公的保障が厚みを増します。**社会保険がカバーする公的保障の種類は幅広く、出産、病気、老後などの場面で、経済的な支援を受けられます。**左ページでは主な保障を紹介します。

出産手当金は、出産のために会社を休み、給与が出ない場合にもらえる給付金です。出産前後を対象期間とし、給料に応じた金額を受け取れ、その間の生活費を補うことができます。

傷病手当金はＰ96で取り上げた通り、病気やケガで休業し給与が出ないときにもらえる給付金です。金額は給料の約3分の2、期間は最大1年6カ月です。協会けんぽの令和4年度の調査では傷病手当金の受給は男性48・86％、女性51・14％と女性の割合が高くなっています。また、受給理由の2割弱がうつ病などの精神疾患によるもので、この20年間で増加傾向です。

遺族厚生や障害者年金の上乗せは万が一の際の安心につながり、老齢年金の上乗せは多くの方の老後の貧困を防ぐことにつながります。

厚生年金による受給の増加分は、左ページの計算式で割り出せます。仮に年収150万円の人が厚生年金に20年間加入した場合、『年収150万円×0・55％×20年間』で、年金は年間16万5000円増える計算です。90歳まで受け取ると、総額は400万円以上になります。

社会保険に加入すると、得られる公的保障とは？

01

出産手当金

02

傷病手当金

03

障害年金の上乗せ

04

遺族年金の上乗せ

05

老齢年金の上乗せ

年収×0.55％×厚生年金の加入期間
＝老齢厚生年金の受取額

人生のさまざまなリスクに
手厚く備えることができます

ヒント 38

扶養外れのデメリットとの向き合い方も大事になる

扶養を外れる際、プラス面だけでなく、マイナス面も認識しておきましょう。

扶養を外れて収入が増えるにつれて、妻の税金や社会保険の負担は増えます。しかも、夫は配偶者控除を受けられなくなるため、夫の税金の負担も増えます。

その結果、扶養内のときより手取り額が減ることもあり、これを一番のマイナスと考える人は多いはずです。ただし、この問題は回避できないわけではなく、事前に世帯の手取り額が減るボーダーラインを把握して、それ以上妻が稼げるように夫婦で協力すれば「働き損」は防げます。

要注意なのは、社会保険に入れない場合です。 **扶養を外れたら即、社会保険に加入できるわけではなく、「１０６万円の壁がない企業」では社員の4分の3以上の日時の働きを条件とし、「１０６万円の壁がある企業」でも、5つの条件（P57参照）を満たす必要があります。** 社会保険に入れない場合は国民健康保険・国民年金への加入となり、保険料が増えたのに公的保障は増えない状況が待っています。

そのほか、働く時間が増えることで自分の時間や家族との時間が減るなど、お金以外の損失も予想されます。それらのデメリットを減らし、長い目で見れば得だと思えるためには、夫の家事に関する協力も必要不可欠です。

扶養を外れると起こる５つのデメリット

01 demerit

妻の給料に対して
税金や社会保険の**負担が増える**

02 demerit

養う側の夫の**税金が増える**
（夫の手取りが減る）

03 demerit

扶養内のときより**手取りが減る**ケースも

04 demerit

（社会保険に入れない場合）
保険料等の**負担は増え**、公的保障が**増えない**

05 demerit

働く時間が**長く**なる分
「自分の時間」が減る可能性もある

**損得の両面を知った上で
外れるなら後悔しないように！**

扶養を外れた人の声 1

最近、扶養を外れた働き方を始めた人にはどんな思いや葛藤があったのか。著者が4人の方に直撃インタビューを敢行しました！

姉の病気がきっかけで「扶養を外れる」働き方を決意しました

収入
年
48万円
▼
年
240万円

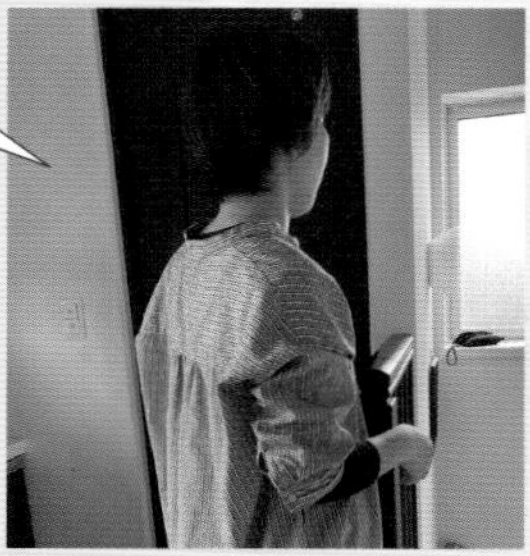

橋本由里子さん（46歳）

家族構成：夫・47歳、長男・高校２年生（17歳）、次男・中学３年生（15歳）、三男・中学１年生（12歳）、義父・77歳、義母・71歳　住まい：持ち家（滋賀県守山市）

扶養の上限を気にしなくてすみ、万が一のときには傷病手当金などが受給できるなどの安心感があります。

子どもと一緒に過ごせるうちに、増えた収入で家族旅行に！

結婚前は販売や事務の仕事をしていましたが、結婚と同時に夫の両親と同居。義理の両親も働いていたので、家事や育児は専業主婦の私の役目になりました。建設系の仕事に就く夫は、繁忙期と閑散期で収入の差が大きく、家計のやりくりにも苦労しました。

ダブルワークで年収は120万円に

義母の働く姿を見てうらやましいと思うこともあり、長男が10歳の頃、製造軽作業のパートに働きに出ました。ただ、このパートも繁忙期と閑散期で収入の波があったため、それ以外に配達の仕事（業務委託）も始めて、年収は約１２０万円になりました。

子どもが大きくなり、想像以上に塾代などの教育費がかかると思っていたときに、実の姉が病気で入院。会社員だったため傷病手当金を受給していました。

それを見て、もし自分だったら、こういうときに何の保障もないと気づきました。社会保険に加入すればこういった保障も得ることができると、扶養を外れる決意をしました。

今は正社員を目指して試験の勉強も！

今は業務委託の仕事を辞めて、パートをしていた会社で派遣社員として働いています。月20万円ほどの収入ですが、この先はさらに試験と研修を受け、賞与や退職金も出る社員を目指すつもりです。

今まで扶養内で働くことばかり気にして、働けるのに仕事を断るのもどうなんだろう？という思いもありました。

自分で社会保険に入ってからは、夫がもし仕事を辞めても子どもを自分の扶養に入れられる安心感があります。扶養の枠にとらわれて自分で自分の限界を決めるのはもったいないですね。

正社員の姉に出た傷病手当金が転機に

正社員の実姉が病気で入院し、傷病手当金を受給するのを目の当たりに。自分が病気になっても、パートなので何の保障もないことが怖くなりました。子どもの塾代も想像よりかかり、収入を増やしたくなりました。

橋本さんのお仕事ヒストリー

＜独身時代＞
販売や事務職で働く

＜結婚後＞
同居の義理の両親も働いており、家庭を支えるために専業主婦に

＜長男が10歳の頃＞
扶養内パートとして家電工場の製造作業現場で働く（月４万円）

＜三男が10歳の頃＞
扶養内で業務委託の仕事も始める（合算で年１２０万円）

＜三男が小学校卒業の頃＞
業務委託の仕事を辞め、パートをフルタイムに変更し、社会保険に加入（月20万円）

扶養を外れた人の声
2

扶養申請のたびに会社から細かい確認が……こんな働き方はイヤ！

収入
年
120万円
▼
年
140万円

小谷翔子さん（53歳）

家族構成：夫・55歳、長男・大学２年生（20歳）、次男・中学３年生（15歳）住まい：持ち家（東京都八王子市）

短い時間でも社会保険に加入できて公的な保障も得られる。残りの時間でいろいろなことに挑戦できてありがたい。

自分の収入から自己投資をしてさらなる収入アップを目指します

正社員で働いていましたが、結婚し、夫の海外赴任で仕事も辞めました。知人に頼まれて妊娠中に始めたのが業務委託の仕事です。次第に依頼が増え、収入もアップしました。

当時、年収は120万円ほどでしたが、夫の健康保険の扶養として認定されるためにはさまざまな書類の提出が必要でした。毎年、扶養の認定時期に夫の会社から「あれも出せ、これも出せ」と、何度も追加書類の提出を求められました。

扶養内を気にしないと働く選択肢が広がる

扶養内の働き方に対して疑われている気がして、この働き方が嫌になり、扶養を気にせず働こうと思ったのが、扶養外れのきっかけです。

下の子が小学2年生になる頃に仕事を増やし、夫の扶養から抜けました。業務委託なので、国民健康保険と国民年金に加入することに。正直、経済的な負担は大きかったです。

その後、「業務委託以外の仕事もしよう」と、大学の研究室で実験助手のパートに出ることに。しばらくして、週４勤務（週21時間）になり、パート先の会社の社会保険に加入しました。

自分の稼ぎだから自己投資も気兼ねがない

現在、パート収入は１４０万円ほどなので、手取り額だけで見ると扶養を抜けたメリットはあまり感じません。

でも、扶養を外れることで「自分で稼ぐ金額を気にせず、どう働こうが自由」と思えるので、精神的に楽になりました。

また、夫が仕事を辞めても、自分で社会保険に入っているので、大きな不安にかられなくなったのも大きいですね。自分で働いたお金が増えれば増えるほど、気持ち良く勉強などの自己投資にお金が使えるのも、よかった点のひとつです。

「私疑われている？」で吹っ切れた！

確定申告時の後も夫の会社から細かい資料の確認を求められ、私の扶養内での働き方について疑われているのでは？と嫌な気持ちに。扶養に左右されずに働いて、収入を増やそうと思いました。

小谷さんのお仕事ヒストリー

＜独身時代～結婚＞
医療品業界で正社員として薬の開発に従事

＜夫の海外転勤＞
夫の海外勤務に帯同するために仕事を辞める

＜妊娠中＞
扶養の範囲で文献検索の業務委託の仕事を始める

＜次男が小２の頃＞
扶養を抜け国民健康保険・国民年金に加入する

＜その後＞
時給１５００円のパートを週４回へ増やして社会保険に加入

扶養を外れた人の声
3

働き方がより丁寧になったし仕事の幅も広がってよかった！

収入
年
30万円
▼
年
216万円

社会保険に入れないのは痛手だけど、扶養の上限を気にすることなく仕事ができて、気持ちはずっと楽になった！

北川晴子さん（49歳）

家族構成：夫・51歳、長男・高校２年生（17歳）、次男・中学２年生（14歳）、三男・小学４年生（10歳）、住まい：持ち家（東京都小金井市）

収入を増やして頑張る自分へのご褒美。デコパスで気分もあがる

独身時代から製紙会社やベンチャー企業、特許事務所などの事務の仕事に就いていました。結婚後、夫の海外転勤に帯同して退職。その後、出産と子育てに専念していました。

三男が幼稚園に入園する頃、元同僚から法律事務所に誘われ、在宅でパートをすることに。当時は、子どもを幼稚園に預ける間の時間だけで、月収は2～3万円でした。

三男が小学校に入る頃には、勤務時間を増やしてもらい、「130万円の壁」の範囲内で働いていました。

「もっと働けますか？」勤め先の声が転機に

3年後（長男が高校、次男が中学校に入学）に夫が転職をしたことで、自分の時間や心にもゆとりが出てきました。勤め先から勤務時間を増やしてほしいとの要望もあり、前向きに検討できました。

　ただ、パート先は法人でなく個人事業主。社会保険がなく、時間や収入を増やして、夫の扶養を外れても社会保険に加入することができませんでした。

　国民健康保険や国民年金に加入するなら、どれくらいの時給なら割に合うかを計算し、勤め先と交渉して折り合いがついたため、扶養を外れる働き方に変えました。

経験を積むことは キャリアアップになるはず

　厚生年金ではないので、老後の年金も増えないなどは痛手ですが、扶養の上限を気にせずに働けることで気持ちの面ではずっと楽です。

　仕事もより丁寧に取り組めて、経験を積めることも大きい。今後のキャリアを考えたときに、仕事の幅を広げたことは有利に働くのでは？と期待もしています。

社会保険に加入できない勤め先から依頼があり……

　子どもも大きくなり職場からも勤務時間を増やしてほしいと要望が。ただ、社会保険のない職場で国民健康保険・国民年金に加入する必要が。自己負担がネックになりましたが、交渉して時給をあげてもらい扶養を外れることに。

北川さんのお仕事ヒストリー

＜独身時代＞
特許事務所の総務など、正社員として勤務

＜結婚後＞
夫の海外転勤に帯同し退職

＜三男が4歳の頃＞
法律系事務所で在宅の扶養内パート（月2～3万円）

＜三男が5歳の頃＞
勤務日を週3回に増やす（年130万円）

＜三男が10歳の頃＞
扶養を外れ国民健康保険・国民年金に加入（月約18万円）

扶養を外れた人の声
4

「専業主婦の年金って少ない！」働いて自分を磨こうと決意

収入
年
84万円
▼
年
168万円

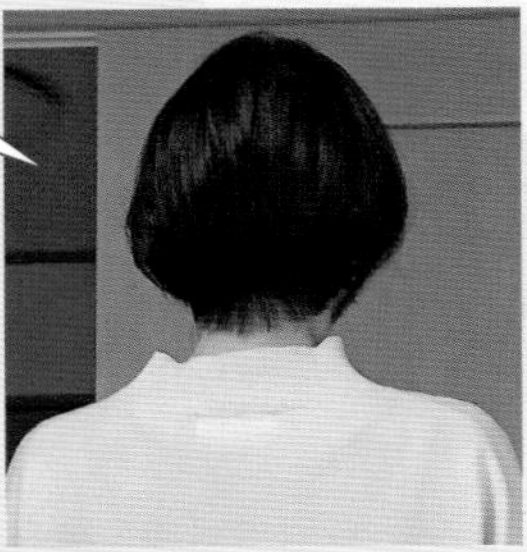

佐藤真希子さん（49歳）

家族構成：夫・49歳、長男・大学１年生（19歳）、長女・中学3年生（15歳）、次男・中学２年生（13歳）住まい：賃貸（愛知県名古屋市）

自分の年金が増えるのが嬉しい。子どもにも社会で働く姿を見せることができて自己肯定感もあがった。

今の仕事を始めるときに買った本。「現在も活躍中です！」

独身時代は理学療法士として働いていましたが、結婚後に夫の転勤にともなって仕事を辞めました。長男が1歳になった頃、扶養内の働き方として理学療法士の仕事を再開。が、夫の仕事が忙しく、知り合いもいない中で子育てと仕事の両立に苦労し、専業主婦として家庭を守ることに専念しました。

「家族手当２万円」が扶養を外れる壁に

次男も小学校に入学し、時間のゆとりもできたことでパートに出ることに。それでも夫の会社の家族手当が月に2万円と大きかったこともあり、扶養を外れることは考えていませんでした。

ところが、家計を見直して老後の年金の計算をしてみたところ、その少なさに驚きました。もっと自分名義の年金を増やして、老後もゆとりのある暮らしにしたいと思ったのが扶養を外れる働き方を考えたきっかけです。

保育士として扶養内で働いていたパート先の要望もあり、週5日、1日7・5時間に勤務時間を変更して、社会保険に加入しました。

子どもに働く姿を見せられることは大切

その結果、約7万円だった月収は14万円ほどに増えました。手取り額も扶養内のときより増えて、月11万円以上です。

扶養を外れたことで、時間や体力的に大変なこともあります。ただ、自分の年金が増えていくのが安心なのと、子どもたちにも堂々と働く姿を見せることができます。

父親は働く大変さを常に伝えていますが、自分も納税などの社会的責任を果たしながら、楽しく働く姿を見せられることで、自分に自信が持てるようになりました。

たまたま自分の年金額を調べたのがきっかけでした

あるとき、自分の年金額を調べてみたらその少なさに驚きました。子どもも大きくなり、時間はあるのに扶養に収まるのはもったいないと思い、もっと働いて自分の年金を増やそうと考えました。

佐藤さんのお仕事ヒストリー

＜独身時代〜結婚＞
理学療法士として働く

＜夫の転勤＞
夫の転勤に帯同し仕事を辞め、妊娠・出産

＜長男が1歳の頃＞
理学療法士として扶養内パートをするも、子育てとの両立が大変で短期間で離職

＜次男が小学校入学の頃＞
保育士として扶養内パート（月7万円）

＜次男が中学校入学の頃＞
フルタイムに勤務形態を変更し、扶養を外れ社会保険に加入（月14万円）

ねんきん定期便で裏面の「3」をチェック！

50歳未満の「ねんきん定期便」には年金の加入履歴が書かれています。裏面に記載された「3．これまでの加入実績に応じた年金額（年額）」は、これまでの自分が「作ってきた」年金の額です。

「（1）老齢基礎年金」は国民年金から受け取る年金で、20歳以上の学生やフリーランス、非正規雇用、夫の扶養に入っている期間など、国民年金の加入・納付月数に応じて決まっています。

「（2）老齢厚生年金」は会社員や公務員などの期間に会社と折半で支払った厚生年金から受け取る年金です。給料や賞与の金額に応じて支払う保険料は変わり、受け取る年金額も変わります。

年金の未納や猶予がある、厚生年金の加入期間が短い、または年金算定の基になる収入が低いと年金額も少ないと感じるかもしれません。ただし、これは「現時点での金額」。厚生年金への加入、年収増、未納や猶予の追納などをすれば、これから年金を自分で増やせます。

令和６年度「ねんきん定期便」50歳未満（裏）

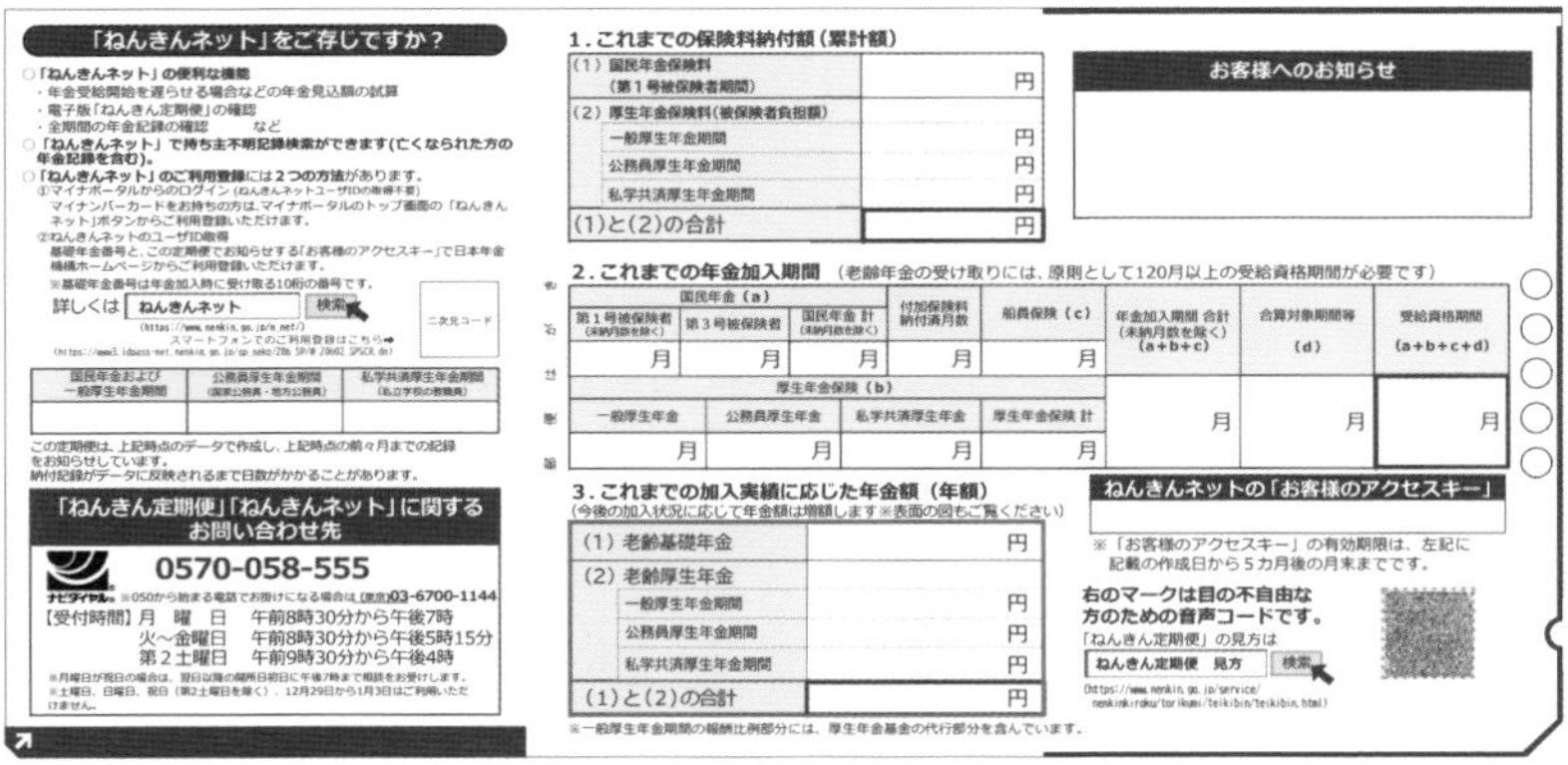

「ねんきんネット」をご存じですか？

○「ねんきんネット」の便利な機能
・年金受給開始を遅らせる場合などの年金見込額の試算
・電子版「ねんきん定期便」の確認
・全期間の年金記録の確認　　など
○「ねんきんネット」で持ち主不明記録検索ができます(亡くなられた方の年金記録を含む)。
○「ねんきんネット」のご利用登録には２つの方法があります。
①マイナポータルからのログイン（ねんきんネットユーザIDの取得不要）
マイナンバーカードをお持ちの方は、マイナポータルのトップ画面の「ねんきんネット」ボタンからご利用登録いただけます。
②ねんきんネットのユーザID取得
基礎年金番号と、この定期便でお知らせする「お客様のアクセスキー」で日本年金機構ホームページからご利用登録いただけます。
※基礎年金番号は年金加入時に受け取る10桁の番号です。

詳しくは ねんきんネット 検索
(https://www.nenkin.go.jp/n_net/)
スマートフォンでのご利用登録はこちら➡
二次元コード

国民年金および一般厚生年金期間	公務員厚生年金期間（国家公務員・地方公務員）	私学共済厚生年金期間（私立学校の教職員）

この定期便は、上記時点のデータで作成し、上記時点の前々月までの記録をお知らせしています。
納付記録がデータに反映されるまで日数がかかることがあります。

「ねんきん定期便」「ねんきんネット」に関するお問い合わせ先

0570-058-555

ナビダイヤル ※050から始まる電話でお掛けになる場合は（東京）03-6700-1144

【受付時間】月　曜　日　午前8時30分から午後7時
火～金曜日　午前8時30分から午後5時15分
第２土曜日　午前9時30分から午後4時

※月曜日が祝日の場合は、翌日以降の開所日初日に午後7時まで相談をお受けします。
※土曜日、日曜日、祝日（第2土曜日を除く）、12月29日から1月3日はご利用いただけません。

1．これまでの保険料納付額（累計額）

（1）国民年金保険料（第１号被保険者期間）	円
（2）厚生年金保険料（被保険者負担額）	
一般厚生年金期間	円
公務員厚生年金期間	円
私学共済厚生年金期間	円
(1)と(2)の合計	円

お客様へのお知らせ

2．これまでの年金加入期間（老齢年金の受け取りには、原則として120月以上の受給資格期間が必要です）

国民年金（a）			付加保険料納付済月数	船員保険（c）	年金加入期間 合計（未納月数を除く）（a+b+c）	合算対象期間等（d）	受給資格期間（a+b+c+d）
第１号被保険者（未納月数を除く）	第３号被保険者	国民年金 計（未納月数を除く）					
月	月	月	月	月			
厚生年金保険（b）							
一般厚生年金	公務員厚生年金	私学共済厚生年金	厚生年金保険 計				
月	月	月	月		月	月	月

3．これまでの加入実績に応じた年金額（年額）
（今後の加入状況に応じて年金額は増額します※表面の図もご覧ください）

（1）老齢基礎年金	円
（2）老齢厚生年金	
一般厚生年金期間	円
公務員厚生年金期間	円
私学共済厚生年金期間	円
(1)と(2)の合計	円

※一般厚生年金期間の報酬比例部分には、厚生年金基金の代行部分を含んでいます。

ねんきんネットの「お客様のアクセスキー」

※「お客様のアクセスキー」の有効期限は、左記に記載の作成日から５カ月後の月末までです。

右のマークは目の不自由な方のための音声コードです。

「ねんきん定期便」の見方は
ねんきん定期便　見方 検索
(https://www.nenkin.go.jp/service/nenkinkiroku/torikumi/teikibin/teikibin.html)

［基礎からわかる！「扶養」の用語集］

【あ行】

iDeCo
（個人型確定拠出年金）

毎月の掛け金、金融商品を自分で決めて積み立て運用し、60歳以降に受け取れる私的年金制度。掛け金全額が所得控除の対象になるなど税制優遇を生かして資産形成が図れる

【か行】

介護休業給付金

家族の介護のために休業した際、給料の67％が保障される社会保険の制度。雇用保険から支給される

可処分所得

所得から税金や社会保険料を差し引いた手取り収入のこと。自由に使えるお金を意味する

課税所得

所得税の課税対象となる所得のこと。給与などの所得から基礎控除や各種所得控除を差し引いた金額が課税所得になる

加入者（健康保険）

健康保険に加入し、病気やケガをしたときに必要な給付を受けることができる人。健康保険の加入者本人のことを被保険者と言う

基礎控除

所得税を計算する際、一律に所得から差し引ける所得控除のひとつ。控除金額は原則48万円（合計所得金額が2500万円を超えると基礎控除はゼロになる）

給与所得

源泉徴収する前の給与・賞与の収入金額から給与所得控除額を差し引いた金額

給与所得控除

会社員の必要経費にあたるもので、所得金額を計算する際に給与収入から差し引くことができる。控除額は収入に応じて決められ、162.5万円までは55万円。これに基礎控除48万円を足すと103万円のため、パート収入103万円までは非課税に

均等割

住民税のひとつで、一律に負担する税額。均等割の標準税率は都道府県税が2000円、市区町村税が3500円に設定されている

【か行】

健康保険被扶養者届
健康保険に加入する従業員の被扶養者が増えたり減ったりした場合の申請書類。被扶養者の追加や削除、氏名変更などがあった際、５日間以内に健康保険組合などへ勤務先を経由して届け出を行う

源泉徴収票
１年間に支払われた給与やボーナスなどの金額、その中から支払われた所得税の金額、各種控除などが記載された書類。源泉徴収票は確定申告の際などに必要になる

控除
差し引くことを意味する言葉。税金を計算する際に用いられる

厚生年金保険（料）
会社員や公務員が加入する公的年金制度。国民年金に上乗せされる形で老後の年金、万が一の死亡や障害の保障が手厚くなる。保険料は加入中の収入で決まり、年収が高いほど保険料は高くなるが、受け取る年金額も高くなる

国民健康保険（料）
会社の健康保険に加入しない自営業者や20歳以上の学生、非正規雇用の人、年金受給者などが加入する公的な医療制度。会社員や公務員が加入する健康保険は会社が半分負担するのに対し、国民健康保険料は全額自己負担

国民年金保険（料）
日本に住む20～60歳未満のすべての人が加入する公的年金制度。老後の暮らしをはじめ、一家の働き手の万が一の死亡や障害を負ったときに年金が給付される。保険料は一定額と決められていて、加入期間によって受け取る年金額は異なる

個人事業主
法人を設立せずに個人で事業を営む人のこと

雇用保険
働く人の生活と雇用の安定を目的とする社会保険制度のひとつ。失業、育児や介護などに直面した際に給付を受けられる。資格取得やキャリアアップ目的の給付もある

【さ行】

３号被保険者
国民年金には３つの被保険者種別があり、2号被保険者の会社員や公務員に扶養される配偶者を３号被保険者と呼ぶ。年収130万円未満、20歳以上60歳未満であれば保険料を支払うことなく、国民年金に加入していることになる

社会保険

病気やケガのリスクに備えて、生活を保障する公的な保険制度。社会保険は広義には「健康保険、厚生年金保険、介護保険、雇用保険、労災保険」の５種類、狭義では「健康保険、介護保険、厚生年金保険」を指す

就業規則

企業が従業員の賃金や労働時間、職場内での規律などを定めた規則集。労働基準法に基づいて作成・届け出することが義務付けられている

収入

労働やサービスの対価として受け取る報酬。会社員やパートであれば毎月の給与やボーナスの合計額、自営業であれば売り上げが収入にあたる

住民税

市区町村民税と道府県民税・都民税の総称で、１月１日時点の住所地に納付する税金。前年の所得をベースに算出され、翌年、所得割と均等割の２つを合算して納める

障害年金

病気やケガで障害の状態になった場合に受け取れる年金。障害基礎年金と障害厚生年金があり、年金の加入状況、収入や障害の状態によって受給額が異なる

傷病手当金

病気やケガで休業し給与が出ないときに、生活を保障するための給付金を支給する健康保険の制度。給与の３分の２にあたる給付金が最大１年６カ月支給される

所得

収入から必要経費を差し引いた金額。必要経費とは、仕事をするうえで必要な支出のこと

所得控除

所得税を計算する際、所得から一定額を差し引いて税負担を軽くできる制度。医療費控除、生命保険料控除、障害者控除、ひとり親控除など全15種類ある

所得税

その年１年間に得た所得に対して課せられる税金。収入から経費や控除額を差し引いた金額に税率を掛けて算出される。住民税は前年の所得から税額を算出して翌年納付するのに対し、所得税は年内の納付に

所得割

住民税のひとつで、所得に応じて課される税額。課税される年の前年の所得を基に算出する

【さ行】

世帯
同じ住所に住み、同一の生計を営んでいる家族ごとの単位

【た行】

ダブルワーク
２つの仕事を掛け持ちする働き方。「昼はカフェで働き、夜はコンビニで働く」といったケース

特定適用事業所
パートなど短時間労働者の社会保険の加入拡大を目的に定められた事業所。現在、特定適用事業所は従業員数101人以上の企業を対象としている。2024年10月からは従業員数51人以上の企業となるため、短時間で働く人の社会保険加入の進展が予想される

【な行】

納税者
国や地方公共団体（都道府県・市区町村）に対して、法人税や所得税などの税金を納めている人

【は行】

配偶者控除
所得控除のひとつ。納税者本人の合計所得金額が1000万円以下で、配偶者の合計所得が48万円以下の場合に適用される（給与収入のみの場合は年収103万円以下）

配偶者手当
配偶者がいる従業員に対して企業が支給する福利厚生のひとつ。支給の条件や金額は企業ごとに設定。企業によっては家族手当、扶養手当とも呼ばれる

配偶者特別控除
所得控除のひとつ。納税者本人の合計所得金額が1000万円以下で、配偶者の合計所得が48万円超、133万円以下である場合に適用される（給与収入のみの場合は年収約201万円以下）。

パート
（またはパートタイマー）
正規のフルタイム労働者ではなく、一定期間や特定の時間帯に働く雇用形態を指す。パートタイム労働法に基づいている

被扶養者
配偶者や家族から経済的な援助を受け、扶養される立場にある人

標準報酬月額
社会保険料等を算出するときに基準となる金額。病気やケガの休業時に支給される傷病手当金や老後に支給される厚生年金は、この標準報酬月額の平均で異なってくる

扶養控除
所得控除のひとつ。16歳以上の子どもや親などを扶養している場合に適用される

扶養者
自分自身の収入だけで生計を立てられない家族や親族を経済的に支援する立場にある人

保険者（健康保険）
健康保険事業の運営主体のこと。協会けんぽ（全国健康保険協会）などがこれにあたる

【ら行】

累進課税
課税対象となる所得や財産に応じて、税率が高くなる課税方法。所得税や相続税などに用いられ、所得が高い人ほど税負担は重くなる

老齢年金
国民年金や厚生年金の加入者が65歳から受け取れる年金。国民年金は老齢基礎年金、厚生年金は老齢厚生年金とされ、合算した年金額を生涯もらえる

似たような言葉も多いので
ひとつずつ確認しましょう

おわりに

最後まで読んでいただきありがとうございました。なるべく短く、わかりやすく書いたつもりですが、細かい数字に漢字だらけの専門用語、複雑な制度……疲れてしまったでしょうか。だったら、もうこの本はさっさと閉じて、働けるだけ働きましょう！　一度、「扶養の壁」を越えれば、働く時間も金額も気にする必要はなく、たくさんの選択肢がある世界が待っています。

とはいえ、そんな簡単な話ではないから困っているんです！
というお声が聞こえてきそう。「扶養の壁」の問題は、ともすれば「働かない女性を優遇する制度」「女性の就業調整」と、まるで女性だけの問題のように語られがちです。

さらには「扶養を外れるのが得か損か」「働き損にならない収入はいくらか」という情報が多く飛び交うため、手取りを最大化するためにはどうしたらいいか、迷っている女性からの相談はとどまることがありません。

「家族や子どもの将来のためを考えたらもっと収入を増やしたい」

でも、保育園や保育学童には入れる？　夫は家事や育児の時間を増やしてくれるの？　フルタイムで働いてもこの時給じゃ割に合わない。親に介護が必要になったら働き続けられるの？だったら扶養内のほうがいい？　でも、それだと収入が足りない。

こんな思いが浮かんでは消えると、「じゃあ結局、いくら稼ぐのが一番得なのか教えて！」と、聞きたくなるのも無理はありません。

こういったご相談が来たとき、私はまず「何をもって得と考えますか？」と尋ねています。今の自分の手取りが１円でも多ければ、万が一のときの社会保障も、老後の自分の年金も、働きがいも、会社からの期待も、パート仲間との関係も、経済的な自立も、気にしないというのなら簡単です。ルールに従って数字だけを計算すれば答えは出ます。でも、簡単にわりきれないからこそ、答えが見つからずに迷ってしまうのだと思います。

この悩みをひも解くためにはまず、扶養を外れた場合の「今の手取り額」「将来の年金などの収入」「保険料を負担することで得られる社会保障」など、数字で測れるものを明確にしておく必要があります。

ところが、扶養の制度はとても複雑です。税務署に相談しても、社会保険のことは教えてもらえません。市役所に相談しても会社の手当については教えてもらえません。扶養と働き方について横断的に相談できるところがあまりないのが現実です。それぞれの状況で「いくらまで」の答えが違うために、悲鳴のようなお悩みを抱えた相談があまりにも多くありました。

その問題を解決するために「扶養」を主軸に、本書ではまず各制度と考え方をまとめました。複雑な制度ではありますが、本書で記したヒントをひとつずつ読み進めることで「誰に」「いつ」「どんな影響があるか」が整理でき、自分にとっての働き方が見えてくるはずです。

扶養を外れて働くことで手取りが減ることを「働き損」と表現することが多いですが、例え手取りが少し減ったとしても、それによって得られるものがあれば、それは一概に「損」とは言えないことにもお気づきいただけたのではないでしょうか？　また、それを計算していく中で、必ずしもお金だけが働く理由でないことも感じられたかもしれません。

「短時間のパートでは任せてもらえない仕事がしたい」「将来のビジョンが見える働き方がしたい」「自分に自信を取り戻したい」。こういったものも扶養を外れる大きな理由になるはずです。「扶養の壁」の向こう側には、たしかに大変なこともあるけれど、扶養内でいると決して見ることができない世界が広がっています。

私が過去に相談を受け、扶養外れを決めた方に、外れた結果どうだったか聞いてみたところ、「収入は大幅に増えていないが将来の選択肢が増えた」「夫の働き方に頼らず自分の社会保険があるから安心できる」「自分自身の収入が増えたことで自信がついた」など、金銭面以外のメリットをおっしゃる方も多くいました。

働き方に正解はありません。また、一度決めたら変えてはいけないようなものでもありません。扶養内でも扶養外でも、そのつど選んだ働き方は尊重されるべきだと思います。自分にとって「働く損得」とは何なのか考え、納得のいく働き方を柔軟に選ぶために本書がお役に立てれば幸いです。

２０２４年７月　塚越菜々子

［著者略歴］

塚越菜々子（つかごし・ななこ）

保険を売らないファイナンシャルプランナー（CFP・１級ファイナンシャル・プランニング技能士）。1984年神奈川県生まれ。税理士事務所に15年間勤務し、500件を超える企業や個人の財務経理に携わる。2017年に独立後、2800人の家計や資産運用のサポートを行う。
家計簿なしで貯まる仕組みを作る「家計改革プログラム」を独自に開発。平均的な家計に合わせるのではなく、「わが家」が大事にしている部分にお金を使う家計作りが好評。多くの女性から支持され、「月28万円の赤字を改善」「専業主婦が年間200万円貯蓄できた」など喜びの声が絶えない。SNSやYouTube（登録者数９.7万人）で身近なお金について、専門的なテーマをかみくだいて発信。私生活では二児の母。TBS『Ｎスタ』、日本テレビ『ZIP!』、テレビ東京『ワールドビジネスサテライト』等、メディア出演多数。著書に『書けば貯まる！共働きにピッタリな一生モノの家計管理』（翔泳社）、『お金の不安をこの先ずーっとなくすために今できる46のこと』（扶桑社）がある。

編集
西村智宏

構成
百瀬康司

カバーデザイン・本文デザイン・DTP
鳥越浩太郎

カバー・本文イラスト
宇和島太郎

「扶養《ふよう》の壁《かべ》」に悩《なや》む人《ひと》が働《はたら》き損《ぞん》にならないための38のヒント

第１刷　　2024年7月16日

著　者　　塚越 菜々子

発行者　　奥山 卓

発　行　　株式会社東京ニュース通信社
〒104-6224 東京都中央区晴海1-8-12
電話　03-6367-8023

発　売　　株式会社講談社
〒112-8001 東京都文京区音羽2-12-21
電話 03-5395-3606

印刷・製本　　株式会社シナノ

　ISBN 978-4-06-536474-1